厦门大学百年校庆系列出版物 · 编委会

主　任：张　彦　张　荣

副主任：邓朝晖　李建发　叶世满　邱伟杰

委　员：（按姓氏笔画排序）

王瑞芳　邓朝晖　石慧霞　叶世满　白锡能　朱水涌

江云宝　孙　理　李建发　李智勇　杨　斌　吴立武

邱伟杰　张　荣　张　彦　张建霖　陈　光　陈支平

林　辉　郑文礼　钞晓鸿　洪峻峰　徐进功　蒋东明

韩家淮　赖虹凯　谭绍滨　黎永强　戴　岩

学术总协调人：陈支平

百年校史编纂组　组长：陈支平

百年院系史编纂组　组长：朱水涌

百年组织机构史编纂组　组长：白锡能

百年精神文化系列编纂组　组长：蒋东明

百年学术论著选刊编纂组　组长：洪峻峰

校史资料汇编（第十辑）与学生名录编纂组　组长：石慧霞

厦门大学百年校庆系列出版物

百年院系史系列

厦门大学
数学科学学院院史

主　编　黄宝秋　谭绍滨

图书在版编目(CIP)数据

厦门大学数学科学学院院史/黄宝秋,谭绍滨主编.—厦门:厦门大学出版社,2021.5
(百年院系史系列)
ISBN 978-7-5615-8172-8

Ⅰ.①厦… Ⅱ.①黄… ②谭… Ⅲ.①厦门大学数学科学学院－校史 Ⅳ.①G649.285.73

中国版本图书馆 CIP 数据核字(2021)第 060898 号

出 版 人	郑文礼
责任编辑	李峰伟
封面设计	李嘉彬
技术编辑	许克华

出版发行

社 址	厦门市软件园二期望海路 39 号
邮政编码	361008
总 机	0592-2181111 0592-2181406(传真)
营销中心	0592-2184458 0592-2181365
网 址	http://www.xmupress.com
邮 箱	xmup@xmupress.com
印 刷	厦门集大印刷厂

开本 720 mm×1 000 mm 1/16
印张 13
插页 2
字数 226 千字
版次 2021 年 5 月第 1 版
印次 2021 年 5 月第 1 次印刷
定价 45.00 元

本书如有印装质量问题请直接寄承印厂调换

厦门大学出版社
微信二维码

厦门大学出版社
微博二维码

本书编委会

- 顾　问：辜联昆　钟同德　林鸿庆　梁益兴　赵俊宁
- 主　编：黄宝秋　谭绍滨
- 常务副主编：张剑文　林亚南
- 副主编：陈国强　刘　宁　邱建贤　金贤安　邱春晖
- 编　委：林智雄　吴纲民　曹　璐　于正伟　石义凯
　　　　　陈淑铌　陈李嫒　黄晨龙　郭淑敏　雷玉娟
　　　　　高春玲　欧阳雯思

总　序

厦门大学 | 党委书记　张　彦
　　　　　 | 校　　长　张　荣

　　2021年4月6日，厦门大学百年华诞。百载风雨，十秩辉煌，这是厦门大学发展的里程碑，继往开来的新起点。全校师生员工和海内外校友满怀深情地期盼这一荣耀时刻的到来。

　　为迎接百年校庆，学校在三年前就启动了"百年校庆系列出版工程"的筹备工作，专门成立"厦门大学百年校庆系列出版物编委会"，加强领导，统一部署。各院系、部门通力合作，众多专家学者和相关单位的工作人员全身心地参与到这项工作之中。同志们满怀高度的责任感和紧迫感，以"提升质量，确保进度，打造精品"为目标，争分夺秒，全力以赴，使这项出版工程得以快速顺利地进行。在这个重要的历史时刻，总结厦大百年奋斗历史，阐扬百年厦大"四种精神"，抒写厦大为伟大祖国所做出的突出贡献，激发厦大人的自豪感和使命感，无疑是献给百岁厦大最好的生日礼物。

　　"百年校庆系列出版工程"包括组织编撰百年校史、百年组织机构史、百年院系史、百年精神文化、百年学术论著选刊、校史资料与学生名录……有多个系列近150种图书将与广大读者见面。从图书规模、涉及领域、参编人员等角度看，此项出版工程极为浩大。这些出版物的问世，将为学校留下大量珍贵的历史资料，为学校深入开展校史教育提供丰富生动的素材，也将为弘扬厦门大学"自强不息，止于至善"校训精神注入时代的新鲜血液，帮助人们透过"中国最美大学校园"

的山海空间和历史回响，更加清晰地理解厦门大学在中国发展进程中发挥的独特作用、扮演的重要角色，领略"南方之强"的文化与精神魅力。

百年校庆系列出版物将多方呈现百年厦大的精彩历史画卷。这些凝聚全校师生员工心血的出版物，让我们感受到厦大人弦歌不辍的精神风貌。图文并茂的《厦门大学百年校史》，穿越历史长廊，带领我们聆听厦大不平凡百年岁月的历史足音。《为吾国放一异彩——厦门大学与伟大祖国》浓墨重彩地记述厦门大学与全国34个省级行政区以及福建省九市一区一县血浓于水的校地情缘，从中可以读出厦门大学在中华民族伟大复兴征程中留下的深深烙印。参与面最广的"厦门大学百年院系史系列"、《厦门大学百年组织机构史》，共有30多个学院和直属单位参与编写，通过对厦门大学各学院和组织机构发展脉络、演变轨迹的细致梳理，深入介绍厦门大学的党建工作、学科建设、人才培养、组织管理、社会服务等方面的发展历程，展示办学成就，彰显办学特色。《厦门大学校史资料选编（1992—2017）》和《南强之星——厦门大学学生名录（2010—2019）》，连同已经出版的同类史料，将较完整、翔实地展现学校发展轨迹，记录下每位厦大学子的荣耀。"厦门大学百年精神文化系列"涵盖人物传记和校园风采两大主题，其中《陈嘉庚传》在搜集大量史料的基础上，以时代精神和崭新视角，生动展现了校主陈嘉庚先生的丰功伟绩。此次推出《林文庆传》《萨本栋传》《汪德耀传》《王亚南传》四部厦门大学老校长传记，是对他们为厦大发展所做出的突出贡献的深切缅怀。厦大校友、红军会计制度创始人、中国共产党金融事业奠基人之一高捷成的传记《我的祖父高捷成》，则是首次全面地介绍这位为中国人民解放事业做出杰出贡献的烈士的事迹。新版《陈景润传》，把这位"最美奋斗者"、"感动中国人物"、令厦大人骄傲的杰出校友、世界著名数学家不平凡的人生再次展现在我们眼前。抒写校园风采的《厦门大学百年建筑》《厦门大学餐饮百年》《建南大舞台》《芙蓉园里尽芳菲》《我的厦大老师》（百年华诞纪念专辑）《创新创业厦大人2》、

《志愿之光》、《让建南钟声传响大山深处》、《我的厦大范儿》以及潘维廉的《我在厦大三十年》等，都从不同的角度，引领我们去品读厦门大学的真正内涵，感受厦门大学浓郁的人文精神和科学精神。

此次出版的"厦门大学百年学术论著选刊"，由专家学者精选，重刊一批厦大已故著名学者在校工作期间完成的、具有重要价值的学术论著（包括讲义、未刊印的论著稿本等），目的在于反映和宣传厦门大学百年来的学术成就和贡献，挖掘百年来厦门大学丰厚的历史积淀和传统资源，展示厦门大学的学术底蕴，重建"厦大学派"，为学校"双一流"建设提供学术传统的支撑。学校将把这项工作列入长期规划，在百年校庆时出版第一辑共40种，今后还将陆续出版。

"自强！自强！学海何洋洋！"100年前，陈嘉庚先生于民族危难之际，抱着"教育为立国之本，兴学乃国民天职"的信念，创办了厦门大学这所中国历史上第一所由华侨独资建设的大学。100年来，厦大人秉承"研究高深学术，养成专门人才，阐扬世界文化"的办学宗旨，在实现中华民族伟大复兴的征程上书写自己的精彩篇章。我们相信，当百年校庆的欢庆浪潮归于平静时，这些出版物将会是一串串熠熠生辉的耀眼珍珠，成为记录厦门大学百年奋斗之旅的永恒坐标，成为流淌在人们心中的美好记忆，并将不断激励我们不忘初心继承传统，牢记使命乘风破浪，向着中国特色世界一流大学目标奋勇前行！

张彦　张荣

2020年12月

"厦门大学百年院系史"系列·前言

厦门大学百年院系发展概述

朱水涌

100年在历史长河中只是短暂的一瞬,但对于一所中国现代大学以及这所大学的学院科系来说,则意味着经历过极不平凡的历程。百年学府沧桑、十秩院系辉煌,为迎接厦门大学建校百年华诞,学校决定编撰出版"厦门大学百年院系史"系列,梳理淬炼院系的建设发展历程,以史为鉴,彰往考来,将院系的昨天、今天与明天联系在一起,发扬踔厉,这是一件极富建设意义与厦大特色的历史性工程。

一

20世纪初的中国,正如校主陈嘉庚所言:"吾国今处在列强肘腋之下,成败存亡千钧一发。"就在这千钧一发之际,为救国而创办大学成为一道时代的特别风景。马相伯因"慨自清廷外交凌智"而创办震旦学院(复旦前身)[①],南开大学的创办者因国家的"贫弱"是因为"教育未能发展"而创立南开[②],唐文治执掌交通大学砥砺第一等人才,目的就是"宏济艰难,救我中国"[③]。厦门大学校主陈嘉庚则在《筹办厦门大学演讲词》中直截了当地指出:"今日国势危如累卵,所赖以维持者,惟此方兴之教育与未死之民心耳。"出自民族救亡而诞生的中国现代大学,在她向欧美学习现代大学的办学时,一开始便融入了民族救

---

① 《复旦大学百年志》编纂委员会:《复旦大学百年志(1905—2005)》,复旦大学出版社2005年版,第9页。
② 《南开大学校史资料选》,南开大学出版社1989年版,第12页。
③ 唐文治:《上海交通大学第三十届毕业典礼训词》,载《茹经堂文集》三编卷一。

亡图存的历史内涵和办学志向,民族振兴的需求与国家最需要的人才,成了中国现代大学初创时学科与专业设置的重要出发点,呈现出中国现代大学鲜明的中国特色。这里,当年的创办者与一校之长的救国思想与办学理念产生了重要作用。

厦门大学创校时期选择的教学体制沿用了近代英国大学学制,但在科系组成与学科设置上却没有完全按英国大学的体制与模式,与民国时期的各大学一样,当时并没有很强的专业观念,而依照时代与国家的急需人才设立科系。厦大建校初期,科系成型时的学科最初形态是文科设8个系,理科设6个系,工科归理科,其中的教育、工、商、新闻,都是那个危机时代国家急需人才的学科。

1930年2月,在通过国民政府大学院立案后两年,厦门大学遵照国民政府教育部令,将"科"改为学院,设5个学院21个学系。至此,经过近10年的建设,厦门大学具备了较为完备的院系体制,开始以院系这样一种与世界接轨的基本单元建构教学科研体制,开展"研究高深学术,培养专门人才,阐扬世界文化",厦大的多学科性业已形成。

1929年,世界经济危机爆发,陈嘉庚公司每况愈下,1934年1月公司被迫收盘。这期间虽然有厦大教职员的半年捐薪活动,有陈嘉庚的"出卖大厦办厦大"惊世壮举,厦门大学的办学经费还是难以为继。在此情况下,厦大及时调整院系结构,以系科合并的方式突围经济上的窘迫,推进学科的艰辛运转。至私立时期的最后几年,全校5个学院压缩成文学、理学、法商3个学院,21个系经合并与撤销浓缩为9个学系。尽管这种合并是无奈之举,从数字上看办学规模是缩小了,但这次的学科浓缩却无意中为学科的整合、为打破欧美当年系科划分过细的弊端打下了基础。

建校时期厦门大学的院系建设与学科发展,按国民政府大学院调查专家的看法,在全国高校中有"方之他处,有过无不及"[①]的优势。这一时期,林文庆主持制定的《厦门大学校旨》(以下简称《校旨》)明确指出:"本大学之主要目的,在博集东西各国之学术及其精神,以研究一切现象之底蕴与功用,同时并阐发中国固有学艺之美质,使之融会贯通,成为一种最新最完善之文化。"《校旨》从大学文化的建构出发,鲜明地提出厦门大学办学的理念与目标。与这个理念和目标相联系,厦大初期的院系与学科、专业的建设,有如下几个特点:

---

① 《厦门大学十周年纪念刊》(1931年4月),载《厦门大学校史》第1卷,厦门大学出版社1987年版,第94页。

其一是注重"功用","切于实用",培养国家、民族稀缺人才。《校旨》提出教学"以切于实用,造就应用科学人才为前提"。建校初期,教育学占有举足轻重的位置,原因如《校旨》所言:"我国目下师资及教育专门人才甚为缺乏,故对于教育系特加注意,以期养成良好师资及教育界领袖,因以提高一般教育之程度。"[①]陈嘉庚的信念是"国家之富强,全在乎国民,国民之发展,全在乎教育"[②],他办厦门大学一个重要的担当就是要纠正当年教育的"偏估"与"颓风",解决中国教育缺乏新知识新思想师资的问题,以免"国粹日稀,精神日减,必至无救药之惨痛"。厦大商学与工学的较早创设与运行,也都体现了这样一种办学理念。这个特点,奠定了厦门大学从国家需要建设专业发展学科的厚重底色。

其二是博集东西精神、阐发中国学艺之美质、"研究高深学术"的学科特色。厦大成立时,《厦门大学组织大纲》明确表明厦大的三大任务之一是研究高深学术。林文庆在《校旨》中具体指出要建设科学研究机关,厦大要"成为我国南部之科学中心点"[③];院系体制形成后,厦大各学院在其"学院学则"的第一条"宗旨"中都一致性地提出"以培养专门人才,研究高深学术为宗旨"[④],这表明厦大建校初期就具备浓厚的学科建设意识。而且,在西学东渐、中西文化激烈论争与冲突的情势下,厦大独到地提出"阐发中国固有学艺之美质"和"首重国文"的主张,这也就形成了厦门大学学科建设中注重本土资源与文化精神的中国特色。文科的国学研究与理科的生物学研究是这方面的范例。1926年创建的国学研究院被认为是"大有北大南移之势",是当年全国国学研究的中心之一。其影响不仅在于大师云集、研究规划与实际成果,更重要的是厦大国学研究体现了五四时期"重估价值"的精神,它的学科新范畴,研究问题的新方法、新史料和新观点,代表了五四之后国学研究的新趋势。植物系与动物系同样引起全国乃至世界的关注,尤其是结合本土地理优势的海洋生物研究更是锋芒毕露。1923年厦大美籍教授莱德的论文《厦门大学附近之文昌鱼渔业》在国际顶尖科学期刊 *Science* 上发表,成为中国高校最早在 *Science* 上发表的研究成果之一,引起国际学术界瞩目。鉴于海洋生物学科的成果,中央研究院及太平洋科学学会,特别委托厦门大学建立海洋生物研究室。与此同时,

---

① 《厦门大学校史》第1卷,第26页。
② 陈嘉庚:《筹办厦门大学演讲词》,载《新国民日报》1920年11月30日。
③ 《林文庆校长报告》,载《厦门大学民国十年度报告书》,1922年。
④ 《厦门大学一览》(1935—1938年度),载《厦大校史资料》第1辑,厦门大学出版社1987年版,第66页。

厦大的动植物标本的数量与丰富多样在全国领先。

其三是开放性的院系学科构成与人才培养学制。在中国高等教育滥觞时期,中国的大学虽然学的是西方体制,但中国文化原本就缺乏精确细致的分类,对事物不那么条分缕析,而且大学刚刚兴起,很多学科、专业更是因国家需要而设置而存在,大学的一切都在尝试与践行当中,这也就带来了中国现代大学院系学科设置上的开放性。厦大私立时期四次较大的院系变动与学科设置,就可以清楚地看到这个现象。院系设置与专业、学科结构的不断变动,实际上对打破学科体制的僵化是有驱动力的,它为以后厦大百年发展中院系所面临的不断调整、不断改革奠定基础。

在人才培养上,厦门大学"虽为厦门大学,实为世界之大学"①,一开始就招收大量的东南亚华侨子女和朝鲜国学生,颇具开放性。这所地处东南沿海一隅的大学却坚持要"使本校之学生虽足不出国外,而其所受之教育,能与世界各大学相颉颃"②,除不惜重金聘任国内外特别是世界名牌大学经历的名师学者外,在教学体制上,厦门大学沿用英国近代大学学制,本科修业4年,以修满150学分(绩点)并通过毕业论文及有关实验为毕业,各院各系实行课程交叉的修课计划,注重了知识结构的多元化。打破课程的专业界限,这样一种强调博集东西学术,打通院系界限学科界限的修学制度,实际上更吻合现代大学的人才培养规律。

厦门大学建校初期16年间,其"切于实用"的人才培养方针,"研究高深学术"的学科特色,院系学科结构与教学体制的开放性,不仅是时代的产物,也是百年厦门大学的宝贵珍藏,在百年厦大的院系建设发展中体现了一所名校的潜在发展实力,不仅为厦大创建"世界之大学"目标打下了坚实的基础,而且在学科的发展上为一流学科的发展奠定了先天优势。

二

1937年7月1日,私立厦门大学正式改为国立厦门大学。7月6日,国民政府行政院任命清华大学萨本栋教授出任厦门大学校长。7月7日,抗战全面爆发。12月,日寇兵临厦门,厦门大学内迁山城长汀,坚持在烽火硝烟中办

---

① 《林文庆先生在中华俱乐部之演说词》,载《南洋商报》1925年2月2日。
② 《林文庆校长报告》,载《厦门大学民国十年度报告书》,1922年。

学,"单独担负铁路线(粤汉铁路)以东国立最高学府的全付责任"①,成为加尔各答以东最逼近战场的学府,肩起中国高等教育的东南半壁江山。由此开始到1949年新中国成立,这是厦门大学的国立时期。

抗战时期,在极其艰难困苦的条件下,萨本栋校长抱着"在艰危中""不负嘉庚先生毁家兴学及政府将厦大收归国立之至意"的意志②,以自己的未雨绸缪和身体力行,推进拓展厦门大学的院系与学科建设,赢得了战争中"国魂所托的事业"③的重大发展。

作为坚守在战区的最高国立学府,在战争中自觉担负起为战后的祖国建设培养与储备人才的使命,这成了厦大院系与学科建设的出发点与目的地。萨本栋说:"吾人应知此次战争,关系数千年固有文化之持续,将来永固国基之奠定者至巨。"④置身残酷的战争中,厦大想的是战后建设所需的大量"永固国基"的人才。据当年的新闻媒体报道,厦大筹备设立水产研究室,是为了"战后东南沿海水产研究之总框"⑤;增设外国文学系与法律系司法组,"以应目前全面反攻及将来建国之需要"⑥。

这种穿透硝烟的未雨绸缪,更体现在厦门大学工科院系的创设与发展上。厦大工科开始于1922年,在1930年科改系后,工科已悄然消失。萨本栋来自清华大学,自己又是著名的电机专家,他对工科建设既熟悉又有主见,从战后建国的急需出发,工科人才显然要比其他学科人才需求更迫切、需求量更大,萨本栋决定补齐厦大学科上的工科短板。

1938年7月,厦大创设土木工程系,到1941年秋季,萨本栋校长就很自豪地说:"现在土木系设备,固尚未达到我们理想的境地,但教师则已充实到可以与国内任何大学相颉颃。"⑦这个科系,为战后中国大规模的基础设施建设培养了大批人才。1940年秋季,在土木工程大力扩展的同时,萨本栋又创设机电工程系。机电工程系创立后,理学院扩充为理工学院。1944年4月,创建航空工程系,厦大成为全国最早开办航空专业本科教育的少数高校之一,培

---

① 《萨本栋开学词》,载《厦大通讯》第3卷第10期,1941年10月25日。
② 萨本栋:《勖勉同学词》,载《唯力》旬刊第3期,1938年4月3日。
③ 萨本栋:《勖勉同学词》,载《唯力》旬刊第3期,1938年4月3日。
④ 萨本栋:《"七七"二周年纪念与节约运动》,载《唯力》第2卷第7/8期合刊,1938年7月7日。
⑤ 《母校设立水产研究室》,载《厦大通讯》第6卷第1期,1944年3月31日。
⑥ 《厦大增设外语、司法等系组》,载南平《东南日报》1945年8月4日。
⑦ 《萨本栋开学词》,载《厦大通讯》第3卷第10期,1941年10月5日。

养出像中国工程院院士张启先这样一批优秀的中国早期航天航空专家。

1945年12月厦大复员厦门,汪德耀已接掌厦大。这期间院系与科建设的最大事件是1946年夏季海洋学系与中国海洋研究所的创办。海洋学科创立于天时地利人和之中:抗战胜利后海洋与海权重要性凸显,复员厦门后的东南沿海地理环境优势,校主陈嘉庚"力挽海权,培育专才"的誓言与著名海洋学家唐世凤博士的加盟,共同促成了中国第一个海洋学系诞生,同时,厦大与中英文教育基金会合办的中国第一个海洋研究所也在厦大成立,厦大的海洋观测站也获准设立。由此,厦门大学在全国率先开始了"谋中国海洋科学事业之发展""研究与教育并重"的造就培养海洋人才的行动。

国立时期文科的发展以复办法学为主要标志。厦大的法学,最早创立于1926年6月,1937年改归国立后,法律系奉命撤销,法学学科停办。到1940年,由于国民政府教育部不同意建立福建大学,并将已经开学的福建大学法学院并入厦门大学,这样,战火中的厦大法学学科就在接收福建大学法学院的契机中复办起来。

在人才培养理念与培养模式上,萨本栋取的是美国芝加哥大学的通识教育思想和从清华带过来的通识教育理念,遵循梅贻琦的"通识为本,专识为末"①教育思想制定校制、设置课程,实行强化通识基础与打通学科界限的修学制度,实施教授全力上课制度。他要求即使在战争中,也要坚持"未到'最后一课'的时候,应加紧研究学术与培养技能"②,他提出,"现在不是个推诿责任的时代","需一身肩负二人之重任,一日急二日之操作"③,以不辜负陈嘉庚先生的期待,不辜负国家事业所托。比如新成立的机电工程系系主任朱家炘教授,据统计最高一学期每周上课达81课时,每周最高达1725人时。这时期的厦大学生则"把战区当课堂,把笔杆当枪杆",越是艰难越是坚韧学习。在1940年与1941年国民政府教育部举行的两次专科以上学生学业竞赛中,获奖总数与获奖系数的比例评定,均名列全国第一。

从抗战全面爆发到复员厦门,在极其艰危的战争环境与艰苦的复员中,厦门大学的院系建设不仅没有停顿,而且还得以有力扩充,院系规模与学科发展都有历史性的突破,多科性大学已然向综合性大学迈进,也因此开始确立厦门

---

① 梅贻琦:《大学一解》,载《清华学报》第13卷第1期,1941年4月。
② 萨本栋:《勖勉同学词》,载《唯力》旬刊第3期,1938年4月3日。
③ 萨本栋:《"七七"二周年纪念与节约运动》,载《唯力》第2卷第7/8期合刊,1939年7月7日。

大学位居全国高等教育前列的位置。更重要的是这一时期积淀下来的办学精神，那种由战争烽火淬炼出来的自强、坚韧与艰危中担当重负的使命感，为厦门大学的发展积累了一份极宝贵的精神财富。

三

1949年10月1日，中华人民共和国成立，人民当家做主的时代开始。10月17日，厦门解放，厦门大学迎来了办学史上的新纪元。1949年10月21日，中共厦门市委在厦大建立中共厦门大学支部。不久，在原有基础上设立中共厦门大学党组。1950年5月，中华人民共和国政务院任命著名经济学家、曾任厦门大学法学院院长的王亚南为厦门大学校长。

1952年6月，中共福建省委派15名党的干部到厦大，7月，中共福建省委决定程璟任中共厦大临时党委书记，党在学校的领导得以体现与加强；1953年1月，厦门大学成立校务委员会，标志着学校由"校长负责制"开始向"党委领导下的校长负责制"过渡。这一年，符合条件的科系先后成立党支部。1955年1月召开中共厦门大学第一次代表大会，成立中共厦门大学党委会，之后，各系先后建立系党总支，直到1999年校院二级管理体制改革时，党总支、党支部为厦门大学各科系的最直接领导，保证科系建设与学科发展的正确方向和健康发展。

新中国成立后，在东西方意识形态冷战的背景下，中国大学放弃对西方欧美的学习，而强调向"苏联老大哥"学习。1952年，中央提出高等教育"发展专门学院和专科学校，整顿和加强综合大学"的方针，并学习苏联高校模式，进行大规模的院系调整。从1952年到1955年底，厦门大学在调整中从多学科大学向文理科综合大学转变，被确定为华东四所综合性大学之一。

1952年8月，一年前刚刚由省立并入厦大并改名的厦大农学院奉命与福州大学农学院合并为福建农学院；9月，厦大海洋系一分为三，厦大航海专修科与集美水产商船专科合并成立福建航海专科学校，之后再分别归入大连海运学院与上海海运学院；海洋系理化组并入山东大学，与山东大学海洋学科建立海洋系，发展为山东海洋学院，即后来的青岛海洋大学；为保存厦大发展海洋学科的力量，厦大成立海洋生物研究室，将海洋生物组的骨干教师与标本留在厦大，聘郑重教授为研究室主任。1953年7月，厦大又奉命将工学院的土木、电机、机械3个系及土木专修科调整到浙江大学、南京工学院和华东水利学院，将企业管理并入上海财经学院，法学院归入华东政法学院。1954年7

月,厦大教育系调整到福建师范学院;8月俄语专修科部分师生并入南京大学。

在此调整中,厦门大学文理科也有所壮大。1951年私立福建学院的政治、法律、经济归并到厦大。1952年福州大学财经学院的会计、贸易、财金、统计、企业管理5个系并入厦大财经学院,并增加贸易专修科。1953年,福州大学文理两院的中文、外文、历史、数学、物理化学、生物学6个系也奉命并入厦门大学。1955年,厦大奉命停办统计、会计、财金、贸易4个系,改在经济系之下设政治经济学、统计学、会计学、货币与信贷、贸易5个专业。

从历史现场上看,大规模院系调整是新中国改造旧教育制度、建立新教育体制的战略措施,这是中华人民共和国教育史上一个重要事件。这场调整既为厦大文理科综合大学模式打下基础,也一定程度上削弱了厦大综合性大学的实力,厦大一些经营多年而形成厦大特色的院系、学科被调整出去,充实其他高校乃至成为新学校成立的基础。厦大在为国家做出贡献的同时,也造成基础学科与应用学科的相互分离,综合性大学学科交叉渗透的优势也受到一定的损失。

院系调整后,苏联高等教育的专业制度也随之取代了中国大学的院系体制。新中国成立之前的大学一般只设学科不设专业,学科业务范围要比专业宽阔,但专业有利于针对性培养专门人才,培养目标十分专一。为贯彻专业人才培养目的,厦门大学院级建制最后被正式撤销,实行以系为教学单位,系内设若干专业,形成按专业培养人才的办学模式。到1958年,全校设8个系16个专业,并设16个专门化科目。

这一时期,教育部确定厦门大学发展方向为"面向东南亚华侨,面向海洋",要求各专业各教研组加强与南洋、台湾、海洋及本地特点有关的各种问题研究。王亚南校长对厦大的综合性大学也提出新的目标定位,他说:"今天我们所在的学校是个综合性大学,不是工业大学、农业大学,而是综合性大学,不同地方是培养目标不同。工农科培养工农业所需技术人才,师范培养教师,综合性大学主要是培养研究人员,科学研究人员。"他对学生说:"你们将来就是要培养成为科学家。"①这样的办学方向与文理综合性大学的形成,明确指明科学研究是厦大办学的重要任务,学科建设水平成为办学水平的重要表现。

由此,在那个以专业为主的发展时期,厦门大学依然将研究机构建设与学科建设发展当成院系建设的重要内容。

---

① 王亚南:《怎样做一个大学生》,录自厦门大学校办档案56-11。

王亚南校长抵达厦大后,首先恢复和建立研究机构,成立了经济研究所、化学研究所和南洋研究馆(1963年升格为教育部部属研究所)、人类博物馆,文科理科各学院普遍成立研究室。这时福建研究院社会科学研究所也奉命归并厦大,充实了厦大文科主要是经济学科的研究实力。

这一时期,经济学科开始成为全国的翘楚学科。从1946年王亚南的《中国经济原论》研究被誉为"中国式的《资本论》"开始,厦门大学"以中国人的资格研究政治经济学"的独特学派开始形成。1950年王亚南执掌厦大后,建立厦大财经学院,创办全国第一个经济研究所,这是当年全国高校最新经济学教学科研建制。院系调整中财经学院被撤销。1958年9月,中国经济问题研究所成立,并创办中国第一家全国性经济学刊物《中国经济问题》。这个时期,经济学各学科研究全面展开,在《资本论》研究、社会主义所有制研究、会计、统计、财政学方面的研究,成绩斐然,为全国瞩目,奠定了经济学迈向一流学科的坚实基础。

化学为厦大理科中最早的学科之一,展示着一流学科的形象。1939年,傅鹰博士受聘厦门大学并任教务长兼理学院院长,他给厦门大学带来了化学正在从经典的统计热力学深化为理论化学、结构化学的最新发展信息与理论,从而让厦大化学学科及时捕捉到量子化学、量子力学的发展,跟上世界潮流。自此,化学学科的发展呈现云帆济海之势。新中国成立后,催化的研究与应用、海洋化学分析成果显著,电化学研究、物质结构研究、有机物电极、电分析和有机物点解制备也都在学术界崭露头角。1972年,蔡启瑞教授与唐敖庆、卢嘉锡两教授联袂承担国家重大基础理论研究课题化学模拟生物固氮研究,与国际同步攻关世界理论难题,成果受到国际同行的赞赏。这个时期的厦大化学,已具备国内一流、国际具有重要影响的学科声望。

除此,海洋生物研究,生物系在金定鸭研究及北京鸭与金定鸭的杂交研究,半导体物理、半导体化学、植物生物学以及数学等方面的基础理论研究,都有全国性影响。理科各系与福建省其他单位联办建立的8个新的研究所,有效地促进了厦门大学科学研究与地方建设的紧密结合,拓宽了厦门大学科学研究的思路与途径,这也说明了成为文理综合性大学的厦门大学在学科建设上的明显进展。

从1949年新中国成立到1966年"文化大革命"爆发,厦门大学与全国高校一样,经历过"整风运动"、"教育大革命"和"大跃进"高潮,作为面对两岸对峙炮火中海防前线大学,社会主义的办学方向和党在学校中的领导地位更加明确与坚定,在人才培养与科学研究上探索前进,书写出新中国高等教育的新篇章。1963年9月12日,教育部以〔63〕教厅秘字第178号文件,将厦门大学定位全国重点大学,"这是国家对厦门大学几十年来办学成就的充分肯定,从教育体制上明确地确立了厦门大学在全国教育事业中的重要地位"①。

1966年到1976年"文化大革命"运动期间,厦门大学与全国高校一样,遭受空前的洗劫。这是中国高等教育发展史上一次挫折和重大教训,经历过这样的风雨,拨乱反正之后,厦门大学的院系与学科建设自有空前的发展。

四

1976年10月6日,党中央一举粉碎"四人帮";1977年9月,全国恢复高考制度,1978年2月,教育部恢复厦门大学为全国重点大学。1981年10月,厦门被国务院确立为中国四个经济特区之一,身处中国经济特区的国家重点大学,厦门大学被历史推向了改革开放的前沿,学校逐渐顺利走向"党委领导下的校长负责制"的领导体制中,院系建设发展进入一个崭新的历史新时期。2000年之后,按照校院二级管理体制改革,各学院建立学院党委,建立并逐步完善学院党政联席会议制度,厦门大学院系建设得到空前发展。

至2020年,改革开放中的厦门大学全校已建有30个学院16个研究院,展现出门类齐全、学科强劲、专业特色明显、布局合理的整体风貌。依据院系建设与发展的历史,以1995年启动"211工程"为界,整个42年的改革开放可分为两个时期:1978至1995年为恢复与快速发展时期;1995年之后伴随着国家"211工程"、"985工程"、创建"双一流"建设,厦门大学院系建设进入跨越式发展时期。

1978年春天,当恢复高考制度后的第一届大学生走进厦大时,厦大共设有10个系29个专业,这些系与专业还只是集中于自然科学与人文社会科学的基础理论学科,基础雄厚,但面对世界新技术革命浪潮的兴起和新时期党与国家工作中心转移到社会主义现代化建设和改革开放上,尤其是经济特区和沿海开放城市、经济开发区的设立,原本的科系已经不能很好地适应新形势的需要,于是,学校大胆突破文理结构框架,调整学科与专业设置,大力充实、改造、复办老专业,增设一批新学科,优先创办一批涉外专业、应用科学和应用技术专业,开展边缘新兴学科研究,迈步向文理渗透、多学科组成的综合性大学

---

① 厦门大学档案馆、厦门大学校史研究室编:《厦门大学校史》第2卷(1949—1991),厦门大学出版社2006年版,第142页。

方向发展。

其一，以"起点要高，起点要新"的要求，创办一批新专业，集中在涉外、经济管理、新兴交叉学科与新技术专业。到1995年，全校已发展到26个系61个专业，突破长期以来保持的文理财经综合性大学格局，形成了包括智能科学、技术科学、人文科学、社会科学、管理科学、教育科学在内的多学科、结构比较合理、内容比较先进的学科体系。

其二，开始恢复学院建制。专业增多后，科、系不断发展，从管理与学科建设出发，开始逐步恢复学院建制。在20世纪80年代初期，先后成立经济学院、政法学院、全国综合性大学的第一个艺术教育学院、技术科学学院，其中技术科学学院的成立既带有复办工科的动机，更是以为国家培养急需的大量科技人才为目标，着重造就工科与理科相结合、交叉的学科的开创性人才。学院作为学校派出机构，具有一定自主权。

其三，以长远的战略眼光，充实、更新老专业。如20世纪70年代复办海洋系。在1952年的院系调整中，厦大将海洋系一分为三，用建立海洋生物研究室的名义战略性留住了海洋生物学科的骨干师资与教学标本，这使得厦大在1962年前后依然成为我国海洋科学的重要基地之一。海洋系虽然不再存在，厦大理科其他系却增设了海洋物理、海洋化学和海洋生物等新的专业、专门化，各系与华东海洋研究所密切配合，共同进行了26项海洋科学研究，成果引起国外学术界注意，《美国科学界对中国科学的看法》一书也提到厦大海洋科学研究的情况。复办后的海洋系，采取少招本科生、多招研究生、重拳科研、提高质量的策略，开展学科建设，并增设海洋水文气象和海洋地质地貌两个专业，为海洋系成为全国一流学科打下了坚实良好的基础。

1995年，厦门大学进入国家"211工程"行列；2001年，被列入国家"985工程"重点建设高校；2017年，入选国家A类"双一流"建设高校。在中国教育从教育大国走向教育强国的历史进程中，厦门大学的院系发展与学科建设，实现了跨越式发展。

1999年3月，全校深化校内管理体制改革，开始实行校院二级管理，学院建制全面铺开，各学院按照学院办大学的发展趋势，遵循"优化结构、强化内涵、扶优促新、鼓励交叉"的原则推动学科与专业建设，从1995年到2020年，全校共设置30个学院16个研究院，新增52个专业，撤销4个专业，调整18个本科专业，最终设置本科专业99个，涵盖文学、哲学、历史学、法学、经济学、管理学、理学、工学、建筑学、医学、艺术学等11个学科门类，以学科为支撑，打造一批定位明确、管理规范、改革成效突出、师资力量雄厚、培养质量一流的院系与专业群；全校有17个国家级特色专业，2个国家级人才培养模式试验区，2个国家级专业综合改革试点，3个专业入选教育部基础学科拔尖学生培养计划，24个专业13个项目入选教育部卓越人才培养计划。

这个时期，也是厦大研究生教育的大发展时期。1986年9月，国务院批准厦大试办研究生院；1996年3月，厦大正式获准设立研究生院；2018年，厦大成为全国首批20所学位授权自主审核单位之一。至2020年，全校共设有32个博士后流动站，36个一级学科博士学位授权点，45个一级学科硕士授权点。研究生院的建设与发展，推动了厦大研究生教育的空前发展，也更紧密地将厦门大学的学科建设与学院建设融为一体。

学科作为高校实施科研、教学活动和集聚人才的最基本的单元，是学校根本性的基础建设，也是院系建设发展的基础与支撑。这个时期，凭借国家"211工程"、"985工程"建设和创建"双一流"的支持，院系以学科为支撑，以学科建设为重心，凸显了学科建设的基础性与关键性。

其一，以学科建设为支撑为龙头，整合组建符合学科发展和拓展创新学科建设的学院，优化学科布局。如整合厦大早期传播和研究马克思主义与当代马克主义教学研究的资源，成立马克思主义学院，设立"985工程"重点学科"马克思主义理论"、"211工程"三期国家重点学科"中国特色社会主义理论与实践"建设项目，与中共福建省委宣传部合作共建"厦门大学中国特色社会主义理论体系研究与培训基地"，加强学科建设，建设国内高水平的马克思主义理论学术创新基地。如整合全校电子工程、电子科学、微电子与集成电路、电磁声等相关学科，组成电子科学与技术学院，入选国家示范性微电子学院；整合软件学院、物理科学与技术学院、计算机与信息工程学院相关资源成立信息学院；将公共事务管理学院的社会学系与人文学院的人类学系组合成社会与人类学院，更准确对应国际学科范式；而像数学科学学院、国际关系学院、台湾研究院、教育研究院、萨本栋微米纳米科学技术学院，则是应对历史与国家的需求，在学校原本的优势或特色学科基础上建立起来的学院。其中数学与应用数学为国家级一流专业、国家一类特色专业、国家理科数学与应用数学基础科学研究和教学人才培养基地，入选国家基础学科拔尖学生培养试验计划；台湾研究院入选国家高端智库试点建设、培育单位。以教育部人文社科重点研究基地会计发展研究中心和国家重点学科工商管理为依托，整合MBA和EMBA、会计系、工商管理系、管理科学系与旅游管理专业组成管理学院，很快使管理学院成为中国最具竞争力的十大商学院之一。工商管理、会计学、财务管理和电子商务4个专业入选国家一流本科专业建设点，在2017年教育部公布的全国第四轮学科评估中,工商管理一级学科获评 A 类学科,经济学与商学进入 ESI 全球前 1% 行列。

其二,以大学科理念、通过国家人才培养基地和重点学科的依托带动,推进院系与学科的建设发展。1999 年校院二级管理体制改革伊始,学校就开始推行大学科的学院建制理念,文、史、哲 3 个系 6 个一级学科,以国家文科历史学基础科学研究和教学人才培养基地与国家重点学科中国经济史为带动,组建人文学院,力图打通文史哲,"研究高深学问"和培养人文学科精英人才。以大医科理念,整合生命科学学院、医学院、药学院、公共卫生学院等力量,推进学科交叉融合,构建医、教、研有机融合的医科教育体系。2018 年和中国卫生信息与健康医疗大数据学会共同建立医疗健康大数据国家研究院,汇聚理、工、医及社会科学十几个学院的教师与研究团队,通过自主创新和跨学科合作,产生一批国内外领先的具有良好产业转化价值的一流研究成果,凸显大学科整体的优势。

在大学科建设与学科协同创新中,由厦门大学牵头,与复旦大学、中国社会科学院台湾研究所、福建师范大学共同建设的国家协同创新中心"两岸关系和平发展协同创新中心",由厦门大学、复旦大学、中国科学技术大学和中科院大连化物所为核心层,组建的国家级协同创新中心"能源材料化学协同创新中心",都体现出大学科、跨学科与跨越部门、学校的创新优势。2018 年 12 月,国家自然科学基金委依托厦门大学建设"国家天元数学东南中心",该中心由数学科学学院牵头,联合 5 个省 14 所高校为共建单位,更是以大学科、大组合、大跨越的组织形态呈现出构建一流核心竞争力的重要举措。

其三,发挥优势,打造国内领先、国际一流的高峰学科,是这一时期厦大院系建设与发展水平最基本也是最重要的成果之一。目前厦门大学有理论经济学、应用经济学、工商管理、化学、海洋科学 5 个国家一级重点学科,另有 25 个国家二级重点学科,分布在经济、管理、化学化工、数理、海洋与地球、生态与环境、法学、高等教育、生命科学、人文等学院。另有化学、工程学、农学、社会科学、计算机科学、分子生物学与遗传学、微生物学、药物理与毒理学、地学、物理学、经济学与商学等 18 个学科在 ESI 全球排名前 1%;17 个学科在 QS 世界大学学科排行榜上有名,上榜数居中国大陆高校第 12 位;37 个学科登上软科世界一流学科排行榜,上榜数居中国大陆高校第 8 位。2017 年,化学、海洋科学、生物学、生态学、统计学入选国家"双一流"建设行列。

当我们对厦大 100 年的院系发展做出梳理后,我们会发现,厦大百年院系的历史脚步,实际上是伴随着 100 年来中华民族伟大复兴的风云变幻与中国高等教育的命运嬗变而砥砺行走的,它走的是一条从小到大、从少到多、从大到强的历史发展脉络,一条是院系建设与学科发展紧密融合的道路,一条是国际竞争力和整体实力不断提升的道路。百年院系不断调整不断演化的进程,也就是百年学科不断变革不断创新的历程,这里有成功的喜悦,也有挫折的教训,有起伏的艰辛,也有前进的欢笑,但无论在什么时候、在什么样的空间里,都向着校主陈嘉庚先生提出的"世界之大学"目标前行,都沿着"与世界各大学相颉颃"的意志行进,都朝着"中国特色,世界一流"的憧憬踔厉奋进。

五

"厦门大学百年院系史"系列的编撰出版,是各院系向厦门大学百年华诞献上的一份礼物,她以100年来各个学院、研究院的学科发展、专业建设、院系在时代中变动的脚步为主要内容,呈现不同历史时期南方之强的个性与风采。目的在于总结经验,传承命脉,弘扬自强不息、止于至善精神,激励"双一流"建设,为厦门大学与中国高等教育留下一份珍贵的历史叙述。全校共有35个院系、研究院及厦大出版社参加了这个规模空前的编写工程。每部院系史主要包含以下内容:

一、历史的脚步。这是全书最主要的叙述,它通过对院系的历史梳理,描述出在各个历史时期的发展脉络与特征,客观呈现各学院发展进程中的主要事件,重点叙述以学科建设、人才培养为重心的发展变化、主要特点和成就,以及行政管理、社会服务上的变更发展。

二、党政管理。叙述院系党的建设情况,行政机构的变更,历任党、政领导等。

三、学科发展。叙述院系学科建设发展的轨迹与特色、地位与成绩,包括博士授权点、硕士授权点介绍及其人才培养特色,研究基地、研究所、中心介绍及其工作特色,重点实验室介绍及其工作成就,对外交流成果等。

四、教学成果。阐述院系在人才培养与教学教育中的发展嬗变,包括专业设置、课程体系、精品课程与教改项目、教学成果奖、特色专业与创新试验区、教学团队、教材建设、人才培养基地、创新创业教育等内容。

五、学术成就。配合学科建设的发展,叙述学术上的做法与成就,包括获奖学术成果、主要著作与论文、主要研究课题。

六、附录:院系大事记。

这是一项具有长远意义且严肃的工作,学校要求各院系在编撰中坚持正确的政治导向,突出与中国共产党同龄的厦门大学教育救国、教育兴国、教育强国的历史步点;重点叙述与提炼各学科、各专业及人才培养的发展与成就,彰显学术大师和著名校友的贡献;历史须客观叙述,要求准确无误有根有据,尽可能追根溯源,填补漏缺,还原历史,强调学术传承。但历史的写作须经千锤百炼,百年院系历史的叙述需要长期的淬炼,今天打开的这个脚步,难免深浅不一,难免有疏漏之处,还有许多需要打磨甚至勘正的地方,还请各位读者批评指正。

全校的百年院系史系列编撰工作在2019年的春天启动,历时两年的时间,在厦门大学百年华诞到来之际,终于与厦大人、与各方读者见面了。当各院系的撰写者在各自的历史隧道中搜寻攫微、考辨记载而写出自己的院系历史的时候,实际上是在对一个学科、一个院系的过去与今天的研究梳理,也是与明天的一个重要联系与启示。相信经过这次院系史的研究编写,各学院各学科将会以史为鉴,以更宏伟的规划更准确的定位更实在的工作,在党的坚强领导下,向着"中国特色,世界一流"的建设方向,奋力推进厦门大学院系建设与学科发展。

2021年3月12日

序

在厦门大学迎来建校100周年之际,数学科学学院师生经过一年多的辛勤工作,合力编写了《厦门大学数学科学学院院史》,献礼学校百年华诞。

数学是研究数与形、时间与空间相互作用和转换的一门科学。从蛮荒时代的结绳计数到如今的人工智能,数学一直是人类探究世界、研究自然规律的钥匙,在社会进步和人类文明的各个阶段发挥着极其关键的核心作用。现代自然科学和工程技术的发展与变革很大程度上根源于数学的发展与变革。例如,微分方程应用于天体运动规律的研究,黎曼几何是广义相对论的数学框架,纤维丛理论与规范场理论的内在联系,矩阵和无限维空间对量子力学理论的支撑,组合图论在信息科学网络、芯片设计中的应用,运筹优化在管理科学中的应用,以及概率论在统计力学、生物和金融中的应用等。我国著名数学家华罗庚先生曾指出"宇宙之大,粒子之微,火箭之速,地球之变,生物之谜,日用之繁,无处不用数学",这是关于数学的价值与作用非常精辟的评论。

厦门大学数学学科设立于1923年,是学校最早设立的学科之一,与百年厦大的发展同呼吸、共命运,具有优良的办学传统和辉煌的办学历史。著名学者姜立夫、江泽涵、杨武之、张希陆、方德植、张鸣镛等曾先后在厦门大学从事数学科学研究和教育教学活动,培养了以柯召、陈景润、林群、陈纯等院士为杰出代表的一大批校友,为我国的教育科技进步和社会经济发展做出重要贡献。其中,陈景润院士关于哥德巴赫猜想的"1+2"研究成果拉开了中国科学春天的帷幕,他的奋斗精神激励着一代代青年发愤图强、勇攀科学高峰。

我于1997年来到厦门大学工作,成为厦大数学大家庭中的一员,直至2015年退休。在此期间,我与同事们一起致力于教学科研改革和学科队伍建设,亲身经历和见证了厦大数学学科的重新崛起。1998年,我作为学科带头人与同事们一起申请获批基础数学博士点;2003年,在全体同事的共同努力下,获批数学一级学科博士点和数学博士后流动站;2003年12月,数学系由系改院,我很荣幸地担任数学科学学院的首任院长;2007年,基础数学成为国家重点学科。2008年以来,厦大数学一年上一个台阶,入选国家理科基地、入选教育部"拔尖计划"、获批建设国家天元数学东南中心、入选教育部"强基计划"和"拔尖计划2.0"等,呈现良好的发展态势。虽然现在已经退休,但我依然十分关注学院的建设和发展,对学院各项事业取得的新成绩感到由衷的高兴和欣慰。

经过近百年的发展,一代代数学人继往开来,不懈努力,厦大数学学科成为我国数学科学研究和人才培养的重要基地,既有传统的优势学科,又有新兴的特色方向,师资力量雄厚,科研氛围浓厚,学术交流活跃,教学学风优良,人才培养成效显著,国际知名度和影响力逐年提升。本书回顾和梳理了厦大数学学科的办学发展历史沿革,内容丰富,资料翔实,数据准确,脉络清晰,既保护了厦大数学的历史文化资源,又宣扬了厦大数学丰厚的文化底蕴。本书是全面了解厦大数学学科的重要资鉴,它的编撰出版将进一步增强海内外厦大数学校友的凝聚力和认同感,并为将来学科的发展决策提供重要的历史依据和参照。

当前,新一轮科技革命和产业变革蓬勃兴起,国际竞争不断转向基础研究竞争。以数学为核心的大数据和人工智能信息技术深刻影响着人类文明、社会进步、技术变革以及人们的日常生活,党和国家对数学等基础学科研究高度重视,数学学科迎来了新的发展机遇和挑战。希望厦大数学人以史为鉴,总结过去,把握现在,展望未来,秉承"自强不息,止于至善"的校训,在新时代中续写厦大数学新篇章,在新征程中再创厦大数学新辉煌。

最后,再次祝贺《厦门大学数学科学学院院史》编撰出版,感谢同事们的辛勤工作,祝福厦大数学的明天更美好!

赵俊宁
2021年1月

目录 content

第一部分
历史的脚步

一、初创时期　筚路蓝缕(1921—1949)	3
二、砥砺耕耘　初见辉煌(1950—1976)	18
三、重整旗鼓　全面复苏(1977—1984)	31
四、推动建设　迈步前行(1985—1991)	41
五、稳步发展　逐渐提升(1992—1995)	47
六、走出低谷　迈向新元(1996—2000)	50
七、阔步前进　由系改院(2001—2007)	56
八、抢抓机遇　与时俱进(2008—2017)	69
九、天元落户　争创一流(2018—2020-07)	89

第二部分
行政管理

一、组织机构沿革	103
二、历任领导名录	109

第三部分
学科和平台

一、数学一级学科博士学位授权点	115
二、数学博士后流动站	118
三、统计学一级学科博士学位授权点	120
四、统计学博士后流动站	121
五、国家天元数学东南中心	121
六、福建省数学建模与高性能科学计算重点实验室	123
七、学术期刊 Journal of Mathematical Study	123

第四部分
本科教学

一、专业设置	129
二、课程、教材与专著	130
三、教学改革与成果	147
四、拔尖计划毕业生升学情况	151

第五部分
科研项目、论文和获奖

一、1985—2020 年获批科研项目	157
二、2001—2020 年科研奖励	159
三、1952—2020 年学术论文	160

第六部分
大事记

后　记	181

第一部分
历史的脚步

厦门大学是著名爱国华侨陈嘉庚先生创办的综合性大学,是国内第一所由海外华侨创办的大学。数学学科设立于1923年,是学校早期设立的学科之一。刚成立时称为算学系,1930年改为数学系,1936年与物理系合并为数理学系(简称数理系,下同),1952年恢复数学系,2003年成立数学科学学院。近百年来,厦门大学的数学学科与整个学校的发展同呼吸、共命运,一步一个脚印地谱写历史。

一、初创时期　筚路蓝缕(1921—1949)

1921年4月6日,厦门大学创建。建校始设商学部和师范部。在建校初期,数学学科无专门建制,学校根据当时的师资条件,仅开设"代数""三角"课程。1921年秋季,学校改师范学部为教育学部,并增设文、理两学部,全校共设文、理、商、教育4个学部。1922年又增设工学、新闻2个学部。1923年4月,学校评议会议决改学部为科,全校设文、理、教育、工、商、新闻等科。算学系是理科下属的学系之一,这是厦门大学数学学科组织的创办起点。1924年6月,学校评议会调整压缩教学机构,设文、理两科和预科。理科下设6系:算学系、物理学系、化学系、植物学系、动物学系、工程学系。1930年2月,学校遵照国民政府教育部令,将科改为学院,设有文学院、理学院、法学院、教育学院、商学院。算学系改为数学系,和物理学系、化学系、动物学系、植物学系、天文学系隶属理学院。1936年4月,数学系和物理学系合并为数理系。

到1923年设立算学系时,规模也小,当时理科全体教员仅有20多人,在校学生也只有20多人。1927年6月理科第一届毕业生仅4人,余新华是算学系培养的首届毕业生。

20世纪二三十年代间,学校聘请了一些国内知名教授来系里任教,为刚起步的算学系的发展打下很好的基础。

1924年,黄汉和①受聘厦门大学,代理算学系主任,讲授"解析几何""微积分"等课程。1928年,黄汉和离校。

黄汉和

1926年7月,学校聘任南开大学数学系主任姜立夫②教授任系主任一年。1926年7月28日,《申报》"教育消息"刊登:"厦大新聘南开姜立夫为数学教授。"在算学系任教期间,姜立夫精心安排教学计划,开设了高水平的"近代几何"课程,并十分重视数学图书文献资料的收集,指导购置大量相关书籍文献,大大改善了图书文献资料匮乏的状况。姜立夫对算学系的建设寄予厚望,在与朋友的谈话中,时常提到如何把厦门大学算学系办成南方的一个数学教学与科研中

---

① 黄汉和(1893—1993),福建厦门人,1917年获麻省理工学院采矿工程和冶金学士学位。1918—1919年在伊利诺伊大学学习硕士课程,在取得硕士学位前回国,任职于钢铁联合企业汉冶萍公司驻上海办事处。1929年被任命为铁道部技正(总工程师)。1960年后定居美国加州。

② 姜立夫(1890—1978),男,浙江平阳人,谱名培垧,学名蒋佐,几何学家,教育家,我国近代数学开创者之一,南开大学数学系创始人。1910年考取中美庚款第二批留学生。翌年9月进入美国加利福尼亚大学伯克利分校学习4年,获理学士学位。随后进入哈佛大学研究院,4年完成博士论文,获哈佛大学博士学位。1920年创办南开大学数学系,并担任教授兼系主任。1926年7月,受聘为厦门大学算学系主任。1948年9月当选"中研院"院士,为当时第一批81名院士之一,曾任"中研院"数学研究所所长,其子姜伯驹为我国著名数学家、中国科学院院士、北京大学数学科学学院首任院长。

心。随姜立夫来校担任助教工作的,还有其学生江泽涵[①]。在姜立夫的鼓励和督促下,江泽涵参加了1927年夏清华大学-哈佛大学留美专科生的考试,考取了唯一的名额,赴美国哈佛大学数学系攻读博士学位。江泽涵对当时厦门大学的师资有如下的回忆:"1926—1927这一个学年,厦大邀请了国内许多位有名的教授去任教,要把它办成国内一流的大学。应聘的文科教授有鲁迅、林语堂、顾颉刚、罗莘田、潘家洵、章廷谦等先生;理科教授除了姜(立夫)老夫子外,还有秉志、胡刚复等先生。校长是林文庆博士,文、理学院院长分别是林语堂、刘树杞先生。那时候军阀张作霖盘踞北京,摧残教育,厦门成为教育界的乐土,北京高校也有去厦门借读的。姜老夫子是从私立的南开去的,他深感私立的大学比当时的国立大学较有朝气、有效率,他常和同事中老友谈论,如何把当时的厦大办成像南开一样,成为我国南方的又一所教学科研中心。"1927年暑期,姜立夫离开厦门大学返回南开,临行前曾向厦门大学推荐留学日本的微分几何学专家苏步青前来任教,可惜当时苏步青尚未毕业,故不能成行。

1926年,系里还聘请著名物理学家,麻省理工学院物理学士,宾夕法尼亚大学数学硕士、物理学博士,原东吴大学物理学教授朱志涤。所有新聘任的名教授,无一例外均开设2~4门课程。

1926年各科教员每周授课时数	
姜立夫	近世代数(四)、高等微积分(三),共7小时
朱志涤	第二年物理演讲(三)、实习(三)、应用数学(三),共9小时
黄汉和	初等机械画演讲(一)、实习(四)、解析几何(三)、微积分(三),共11小时

---

① 江泽涵(1902—1994),男,安徽旌德人,数学家、教育家、中国科学院学部委员(院士)。1926年于南开大学毕业后,跟随姜立夫到厦门大学任助教。1927年赴美国哈佛大学数学系攻读博士学位,于1930年获得哈佛大学博士学位。1931年夏回国任北京大学数学系教授,1934年担任北京大学数学系主任。1955年当选为中国科学院数理学部学部委员。

1927—1930 年期间，算学系新聘的教师还有南开大学数学教授张希陆①、美国芝加哥大学数学博士杨武之②、国立东南大学理学毕业生周鸿经③、东南大学工程科毕业生饶乃诚。1928 年，理学院院长杨武之代理系主任，他是我国数论领域获得博士学位的第一人，主要从事数论研究，尤其以华林问题的工作著称。1929 年秋，杨武之离开厦门受聘为清华大学数学系教授。他在厦大算学系任教时间虽不算长，但是悉心教学，对学生关爱有加，对很多学生的发展产生了很大影响。

杨武之

周鸿经

---

① 张希陆(1901—1988)，原名为锡禄，天津人，数学家、教育家，其父亲为著名教育家、南开大学创始人张伯苓。张希陆早年就读于清华大学，后考取了清华学校"庚子赔款"赴美留学资格。在美国威斯康星大学数学系学习。获得学士学位后，转入芝加哥大学研究院继续学习数学。1928 年毕业回国后，历任南开大学数学系教授、厦门大学理学院院长兼数学系主任、西南联合大学教授以及中法大学经济数学及统计学教授。新中国成立后，张希陆参与北京石油学院数学教研室的筹建工作，担任数学教研室主任。

② 杨武之(1896—1973)，本名克纯，号武之，安徽凤阳人，数学家、教育家。1928 年毕业于芝加哥大学，先后在厦门大学、清华大学和西南联合大学任院长、主任或代主任，1952 年后任职于上海同济大学和复旦大学，是我国早期从事现代数论和代数学教学与研究的学者。杨武之在清华大学和西南联合大学执教并主持系务时期，培养和造就了两代数学人才。其子杨振宁是著名物理学家、诺贝尔物理学奖获得者。

③ 周鸿经(1902—1957)，江苏徐州人，数学家、教育家。1922 年免试进入国立东南大学算学系，师从熊庆来、何鲁、段子燮、周家树、刘伯明、柳诒征、吴梅等人。1927 年毕业后先后任教于厦门大学、南京大学、清华大学。1934—1937 年间赴伦敦大学学习，获得硕士学位。回国后任职于中央大学数学系，曾任国民政府教育部高等教育司司长和国立中央大学校长。1949 年 6 月任"中研院"总干事。1949 年到台湾，任"中研院"数学研究所所长，兼任台湾大学教授。1950 年任"中国自然科学促进会"首任理事长。

陈嘉庚纪念馆里的油画(左七为杨武之,左八为姜立夫)

1926 年,柯召①考入厦门大学预科班。1928 年,柯召从预科升入算学系。据柯召本人回忆:"我之所以要考厦门大学,是因为当时在北方的许多名教授如鲁迅、林语堂等人都来到厦大任教,吸引了很多学生。"1928 年算学系仅有本科生 8 人,师生间的接触非常亲密,彼此间也容易了解,教学方式方法更便于因材施教。在杨武之的影响下,柯召对数论产生了浓厚的兴趣,这对他日后选择数论作为研究方向产生了很大的影响。除了学习外,柯召深受当时爱国思潮感召,积极参加学生活动。1929 年,柯召在厦门大学学生大会上被推举为新成立的反日

---

① 柯召(1910—2002),字惠棠,浙江温岭人。1926 年考入厦门大学预科班,1928 年从预科班升入算学系。1930 年转入清华大学,1933 年毕业于清华大学算学系,1935 年留学英国曼彻斯特大学,1937 年获得博士学位。1938 年回国,先后在四川大学、重庆大学任教。1953 年以后,历任四川大学教授、数学研究所所长、副校长、校长、名誉校长。1955 年任中国科学院学部委员(院士)。1954 年起,柯召连续当选第一至第七届全国人大代表,曾任四川省第四、五届政协副主席,中国数学会副理事长、名誉理事长。他先后担任九三学社第三、四、五届中央委员会委员,第六、七届中央委员会副主席,第八届中央委员会常委,第十中央委员会名誉副主席;还曾任中国人民解放军总参谋部科学顾问。柯召在数论、代数、组合论等领域有突出成就,尤其在数论的不定方程和组合论的研究方面贡献卓著,被称为"中国近代数论和组合论的创始人""中国二次型研究的开拓者"。在国际数学界,柯召关于不定方程卡特兰问题的研究结果与方法,被称为"柯氏定理"和"柯氏方法";与国外数学家爱尔特希、拉多合作的研究成果——组合论中有限集交集计数问题的结论,被称为一个里程碑式的成果。

运动特委会委员,同年又成为理科同学会的当值主席。1930年,在杨武之受聘为清华大学教授不久后,柯召在厦门大学学习两年后也到条件更好的清华大学求学。

杨武之在厦门大学短暂的任教期间,算学系1925级的学生李鉴澄①也颇受他的喜爱,时常被他请到家中做客,并一起交流围棋技艺。1929年,李鉴澄以优异的成绩毕业后留校担任助教,后经余青松②举荐到"中研院"从事天文研究工作,是中国近代天文事业开拓者之一。

柯召(1927年1月厦门大学预科生)

李鉴澄

1930年2月,学校遵照国民政府教育部令,修订《组织大纲》,调整院系设置。理科改名为理学院,算学系改名为数学系,是理学院六个系之一。旅法学者周澄南③教授担任系主任。同年,学校又聘请张希陆教授为理学院院长兼数学系主任。当时全系学生仅有6人。著名化学家、曾担任中国科学院院长的卢嘉锡院士当年从厦门大学预科升入化学系,同时在数学系受教于张希陆,1934年

---

① 李鉴澄(1905—2006),字伯涵(雪渔),江苏吴江人。天文学家,中国天文学史学家。

② 余青松(1897—1978),福建厦门人,天文学家。1918年赴美国里海大学攻读土木建筑学,获学士学位。此后在美国匹兹堡大学攻读天文学,1923年获该校硕士学位。1926年在利克天文台获博士学位。1927年回国任厦门大学教授,1929年任"中研院"天文研究所所长,1955年任美国马里兰州胡德学院教授兼该院威廉斯天文台台长。

③ 周澄南,福建平和人,1919年获得公费留学资格,就读法国里昂大学。1943年2月至1945年7月、1947年2月至1948年7月,担任福建省平和县私立龙文初级中学(现平和第三中学)校长。

理科 1929 年全体合影（《厦大纪念刊》，良友印刷图书公司）

毕业时已经修完了数学系的大部分课程。1931—1937 年期间，其他主要教员还有菲律宾大学毕业的数学硕士林觉世[①]、留学哈佛大学的杨善基[②]以及数学系毕业留校任教的吴有容[③]。

在当时教学体制设置方面，数学系的本科生修业年限为 4 年，规定修满 150 学分并通过毕业论文及有关的实验方可毕业。虽然规模较小，但课程体系已较为完备，学生培养质量较高。据 1931—1932 年度《厦门大学一览》，数学系当时开设的课程如下。第一学年：国文、英文一、英文修辞学及写作、普通物理学、普通化学及定性分析、初等微积；第二学年：英文二、德文或法文一、普通化学及定性分析、普通生物学、力学、高等微积、高等解析几何、方程式论；第三学年：德文或法文二、党义、微分方程解法、近世代数、解析算学初步、综合投影几何、选修学程；第四学年：数论、函数论、微分几何、论文、选修学程。由此可见，当时厦门大

---

① 林觉世，1905 年出生，福建厦门人，1931 年入职厦门大学。
② 杨善基，1925 年南开大学毕业后任怀中教师，1929 年曾留学美国哈佛大学。回国后历任青岛大学、厦门大学、西南联合大学、安徽大学、南昌大学、华中师范大学数学系教授，国立编译馆编辑，国立师范师院（湖南师范大学前身）数学系主任，曾任第二届全国政协、第三届全国人大代表。
③ 吴有容，福建龙岩人，1932 年毕业于厦大数学系，1942—1943 任私立厦门双十中学校长。

学数学系倡导通识教育,必修课中包含了物理、化学与生物等课程,且选修课共有35门课程,几乎涵盖数学的所有门类。除课程学习之外,数学系的研习气氛也十分活跃,1931年成立算学学会,并创办《算学学会会刊》。

厦门大学算学学会合影(1934年)

1930年厦门大学数学系开设的必修课与选修课

课程类型	课程名称及学分(括号内数字)
必修课	初等微积(4),普通物理(8),普通化学(5),普通生物学(8),高等微积(4),微分方程解法(3),投影几何(6),理论力学(6),近世解析数学(6),代数方程解法与初等代数(6),近世代数(6),度量微分几何(6),复变函数论(6)
选修课	代数方程解法与行列式(3),空间解析几何(3),近世数学概要(3),解析数论(3),代数数论(3),有尽群论(6),盖氏代数方程论(3),代数及其数论(6),实变函数论(6),代数函数论(3),椭圆函数论(3),变分学(6),微分方程论(6),连续群与微分方程论(6),偏微分方程论(6),高等几何(3),数量微分几何(6),高次平曲线(3),代数几何(6),非欧几里得几何(3),多变空间几何(6),投影微分几何(6),抽象空间学(6),商业数学(3),数理统计初步(3),几率与最小二乘法(3),矢量分析(3),天体力学(6),刚体动力学(3),流体动力学(3),弹体力学(3),潜力学(3),普通数学史(3),中学数学教法(3),普通天文学(3)

1934年,在厦门大学的发展蒸蒸日上之际,陈嘉庚经营的企业在世界经济危机的冲击下宣告破产,厦门大学面临经费困难,被迫大规模缩减机构。张希陆、杨善基等在这段时期先后离开厦门大学。1936年4月,新校董第二次会议决议将理学院的数学系及物理学系合并为数理系,任命林觉世为数理系主任。2008年,厦门大学将思明校区数学科学学院所在的教学办公楼命名为"林觉世楼"。

厦门大学林觉世楼

1936年,鉴于资产已无力供给办学,陈嘉庚致电福建省政府和教育部,请求将厦门大学无偿交归政府经办,以避免学校停学停办。1937年7月,厦门大学由私立改为国立。1937年7月6日,留美博士、物理学家、电机工程学家萨本栋被任命为校长,由清华大学来到厦门大学。抗日战争全面爆发后,日军企图登陆厦门。1937年12月至1938年1月,为保存厦门大学命脉,萨本栋校长带领学校整体迁往闽西赣南交界的长汀县。这一年,数理系续聘教师有林觉世教授、黄启显副教授、吴有容讲师。

从抗战全面爆发至1938年底,国立大学纷纷内迁,厦门大学成为粤汉铁路线以东唯一的国立大学,也是最逼近战区的一所国立大学,办学条件异常艰苦。1938年秋,学校重新确定院系组织,全校设文、理、商三学院,理学院下设数理、化学、生物、土木工程四系。数理系于1938年新聘教授陈世昌[①],1939年新聘光

---

① 陈世昌,原东吴大学理学士,美国宾夕法尼亚大学硕士及博士,曾任美国哈佛大学教师、福建协和大学数理系主任。

学专家谢玉铭教授[①],1940—1942年新聘教授徐仁铣[②]和周长宁[③]。1938—1944年时期,数理系主任分别由校长萨本栋(兼任,1938—1939)、谢玉铭(1939—1942)和周长宁(1943—1944)担任。虽然这段时期的师资匮乏,办学规模较小,每年主修数学的在校学生不超过4人,但是在萨本栋校长的影响下,学风严谨,培养了不少爱国的优秀专业人才,其中包括1943年毕业的学生项黼宸[④]。

长汀时期厦大数理系在校学生人数一览表

1937年	1938年	1939年	1940年	1941年	1942年	1943年	1944年	1945年
6人	20人	25人	21人	12人	12人	15人	19人	28人

抗日战争时期,学校教学书籍有限,教材稀缺。20世纪40年代开始,萨本栋和随他来校任教的郑曾同、杨龙生二位合编《实用微积分》一书,对理工科数学教学起了极其重要的作用。萨本栋校长还亲自开设"高等微积分""向量分析"等课程,担任"高等微积分"课程助教的洪炳耀和何恩典后来也成为数理系的教师。

---

① 谢玉铭(1893—1986),字子瑜,物理学家、教育家。美国哥伦比亚大学硕士,美国芝加哥大学博士,先后在燕京大学、湖南大学、唐山交通大学、厦门大学、菲律宾马尼拉东方大学担任教授或系主任,曾在美国加州理工学院任客座教授。其女谢希德(1921—2000)1946年毕业于厦门大学数理系,是我国著名的物理学家、教育家、中国科学院院士,曾任复旦大学校长。

② 徐仁铣(1900—1943),清华大学理学士,美国康奈尔大学博士,历任大同大学、浙江大学、大夏大学、重庆大学等的物理教授。

③ 周长宁,理论物理学家,清华大学理学士,英国剑桥大学博士,曾任国立四川大学教授。

④ 项黼宸(1916—1990),浙江瑞安人,毕业后任浙江大学数学研究所助理研究员(1944—1946),后赴美国加利福尼亚大学伯克利分校访问研究,1947年起任台湾大学数学系讲师、副教授、教授,曾任系主任以及台湾"中研院"数学研究所所长。项黼宸从事傅里叶级数和泛函分析的研究,1970年当选为台湾"中研院"院士,曾先后在美国纽约州立大学布法罗分校、日本仙台东北大学、马来西亚大学、新加坡南洋大学和荷兰的荷兰大学任教,还曾兼任台湾东吴大学和淡江大学数学教授。

1943年,微分几何学家方德植①受聘来到厦门大学数理系任副教授。

温州籍数学家白正国、方德植、苏步青、杨忠道、谷超豪(左起,1991年)

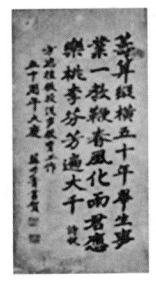
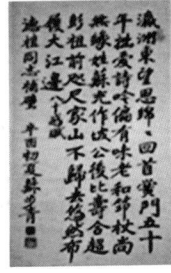

方德植

抗战胜利后,学校于1945年底回迁厦门办学。由于部拨复员费未按时汇到以及厦门校本部的日寇战俘集中营迟迟未迁移等原因,学校分批复员,先在鼓浪

---

① 方德植(1910—1999),男,浙江省瑞安县人,出生于浙江温州。1929年夏,方德植以同等学力考取浙江大学数学系,1933年大学毕业留校任教,担任陈建功教授的"高等微积分"和苏步青教授的"高等几何"等课程的助教,并完成英文论文《定挠曲线的一个特征》,发表在日本《东北数学杂志》上,引起国内外同行关注。1936年,年轻的方德植以优异的科研成绩提前升为讲师,得到教育部的科学论文奖金,并被选拔为中华文化教育基金董事会的研究员,获得了研究补助金。1940年,福建省筹办福建大学,方德植被聘为副教授;1942年受聘于暨南大学;1943年到厦门大学数理系任副教授。

屿租用或征用楼房作为新生教师和校舍,这使厦门大学成为全国最早在收复的沦陷区开课的大学之一。这段时期学校着力理工科,数理系新聘多位知名教授:法国巴黎大学博士章元石、中山大学教授古文捷、台湾大学教授尤崇宽、重庆大学教授汪沅、广西大学副教授罗炽才、原东北大学教授兼教务长崔九卿、浙江大学教授王英显、北洋大学教授马纯德。数学方面,留日学者尤崇宽教授专门讲授分析方面的课程,方德植教授除了讲授有关几何和代数的课程外,还开设他所从事研究的"射影微分几何"专门课程。学校十分重视青年教师和学生个人发展,资助一批青年教师及毕业生出国深造。1945年,数理系助教刘士毅出国深造;1946年,数理系谢希德等8名学生考取自费留学资格,分别赴美、英等国留学。从1945年到1949年夏,数理系的系主任更换较为频繁,谢玉铭(1945年)、陈世昌(1946年)、章元石(1947年,请假)、黄苍林(1947年,代理)、崔九卿(1948年兼)、古文捷(1949年,兼任)、黄启显(1949年)、王谟显(1949年10月,未到校)先后任系主任[根据《厦门大学校史资料(第五辑)》]。临近解放至1950年,理学院院长卢嘉锡兼任数理系主任。

黄苍林　　　　　　古文捷　　　　　　卢嘉锡

1945—1949年,数理系每年本科生入学人数维持在13人左右(1948年24人),其中数学专业的学生占比更少。从建校到新中国成立之前,厦门大学共培养了30多名数学毕业生。除了毕业留校工作外,许多毕业学生在不同岗位上为数学教育做出贡献。其中包括1929年毕业的苏克惠[①],1947年毕业的张志文[②]

[①] 苏克惠(1905—1984),又名德恭,福建永春人。1929年毕业后曾先后任永春中学校长、龙溪中学校长、省立晋江中学(在德化县)校长、厦门市民众教育馆馆长、仙游师范学校校长、省立厦门中学校长。厦门一中现设有"苏克惠奖学金"。

[②] 张志文,出生于1920年,福建长汀人。1947年毕业后在长汀中学任教,1952年应聘至山西大学工学院(现为太原理工大学)任教。

和陈金潘①。

从 1927 年厦门大学第二届学生毕业到 1949 年,数学系毕业名单如下,其中包括 1937 年以后的数理系学生。

第二届(1927 年,1 人):余新华。

第三届(1928 年,2 人):廖祖刚、林文彬。

第四届(1929 年,2 人):林光荫、苏克惠。

第五届(1930 年,1 人):李鉴澄。

第六届(1931 年,2 人):陈红英、邱丕荣。

第七届(1932 年,2 人):吴有容、赵拜俊。

第八届(1933 年,1 人):陈采芹。

第十届(1935 年,3 人):黄寿庆、林雪英、翁玉英。

第十一届(1936 年,4 人):郭东炳、刘展东、王贞宏、徐彬耿。

第十二届(1937 年,数理系,2 人):洪玉章、潘雄文。

第十三届(1938 年,2 人):陈德昭、许锡祺。

第十四届(1939 年,2 人):常尔康、林绍豪。

第十五届(1940 年,4 人):洪炳耀、刘晋燧、翁礼平、肖鹏。

第十六届(1941 年,6 人):陈南阳、范瑷、辜洛村、何恩典、刘永锴、杨鑫兹。

第十七届(1942 年,7 人):陈碧玉、陈懿锦、雷世茂、李俊贤、林绍柏、石橘贞、周兴民。

第十八届(1943 年,4 人):胡达聪、刘恩惠、王遵棠、项繭宸。

第十九届(1944 年,2 人):汪聚瑛、周蕴华。

第二十届(1945 年,4 人):刘士毅、萨师煊、宋松盛、张金焕。

第二十一届(1946 年,5 人):陈弈培、萨本钦、吴钦文、谢希德、曾融生。

第二十二届(1947 年,6 人):陈金潘、陈土奎、林铭玉、张耀辉、张志文、赵景聪。

第二十三届(1948 年,12 人):吴伯僖、余伯向、何铭朝、林坚冰、林俊琛、林义贞、吕彩云、王良增、王兴国、文原、谢德熙、许鹏翔。

---

① 陈金潘,出生于 1925 年,福建福清人。1947 年毕业后就读浙大数学研究所兼助教。1952 年去往印度尼西亚,在垅川中华中学任教,1955 年转到万隆清华中学任教。1956 年于椰城任侨总属小数理化专科师范主任兼数学讲师。

第二十四届(1949年,6人):陈铭煊、辜联昆、黄淑芳、林宜禧、尤德沣、王缦云。

1928—1949厦门大学数理系教职员名录(部分)[①]

姓 名	出生年份	籍 贯	到校时间	在校期间职称职务
姜立夫	1890年	浙江平阳	1926年	算学系教授
江泽涵	1902年	安徽旌德	1926年	算学系助教
周鸿经	1902年	江苏徐州	1927年	算学系助教
杨武之	1895年	安徽凤阳	1928	算学系教授、系主任
陈子英	1897年	江苏吴县	1929年	理工学院教授、院长
林觉世	1905年	福建厦门	1931年	算学系教授、系主任
张希陆	1901年	天津	1930年	算学系教授、理学院院长
吴有容		福建龙岩	1932年	算学系助教
洪清波			1934年	预科教员
颜戌巳	1916年	福建永春	1935年	数理系讲师
蔡镏生	1902年	福建晋江	1937年	理工学院教授、院长
黄启显	1906年	福建厦门	1937年	数理系副教授、教授、系主任
杨龙生	1911年	浙江嘉兴	1937年	数理系助教
陈德昭	1912年	广东兴宁	1938年	数理系助教
郑曾同	1914年		1938年	数理系助教
林绍豪		福建龙溪	1939年	数理系助教
谢玉铭	1893年	福建晋江	1939年	数理系教授、系主任、理学院院长
徐仁铣	1900年		1940年	数理系教授
周长宁	1913年	广东三水	1940年	数理系教授、系主任
何恩典	1919年	福建闽侯	1941年	数理系助教(后任物理系主任、海洋系主任)
林永镰	1903年	福建闽侯	1941年	数理系仪器管理员
陈碧玉	1920年	福建晋江	1942年	数理系助教

① 部分摘录自《厦门大学校史资料(第五辑)》。

续表

姓　名	出生年份	籍　贯	到校时间	在校期间职称职务
陈懿锦		福建闽侯	1942年	数理系助教
戴锡康	1910年	福建闽侯	1942年	数理系讲师
方德植	1910年	浙江瑞安	1943年	数学系教授、系主任
洪炳耀	1914年	福建龙溪	1943年	数理系讲师
黄苍林	1902年	福建莆田	1944年	理工学院教授、院长、系主任
陈世昌	1910年	江苏吴县	1945年	数理系教授、系主任
刘士毅	1922年	福建莆田	1945年	数理系教授
宋　彬			1945年	数理系讲师
张金焕			1945年	数理系助教
陈奕培	1924年	福建泉州	1946年	数理系助教
尤崇宽	1911年	福建林森	1946年	数理系教授
曾融生	1935年	福建平潭	1946年	数理系助教
陈士奎	1926年	福建厦门	1947年	数理系助教
古文捷		广东梅县	1947年	数理系教授、系主任、总务长
许少鸿	1921年	福建龙海	1947年	数理系助教
林俊琛			1948年	数理系教授
汪　沅	1903年	湖南湘潭	1948年	数理系教授
林坚冰	1927年	福建福州	1948年	数理系助教
辜联昆	1928年	福建永春	1949年	数理系助教
方贻兰		福建长汀		数理系技术员
傅子桢	1914年	福建晋江		数理系助教
李步天		福建诏安		数理系秘书
袁先森	1912年	江西丰城		数理系技术员
章元石		河北大名		数理系教授、系主任

二、砥砺耕耘 初见辉煌（1950—1976）

临解放到 1950 年，数理系主任由理学院院长卢嘉锡兼任。1950 年 2—7 月，罗炽才代理系主任，1950 年 7—9 月，卢嘉锡暂兼系主任[根据《厦门大学校史资料（第五辑）》]，1950 年 9 月至 1952 年春，方德植代理系主任。1952 年，全国院系调整，数理系中的数学和物理分别独立成系，数学系的首任系主任是方德植（至 1960 年）。1960—1966 年，林坚冰、林鸿庆、钟同德任系副主任。1960—1962 年林鸿庆代理系主任；1962—1964 年林坚冰代理系主任；1964—1966 年林鸿庆代理系主任。1973 年至 1977 年 11 月，蔡声扮任数学系主任。1953 年 9 月，数学系成立党支部，吴修华任支部书记（至 1960 年 1 月）；1959 年底，王瑞任副书记（至 1960 年 5 月）。1960 年 1 月，党支部改为党总支，颜松滨任书记（至 1969 年 2 月），林鸿庆（至 1969 年 2 月）、蔡维旋任副书记（至 1969 年 2 月，其中 1964—1966 年在中山大学进修）。1961 年 12 月，林鸿庆当选学校第三届党委委员。1965 年 9 月，赖日旺任党总支副书记（至 1969 年 2 月）。1969 年，学校在"文革"期间完成"整党"后，恢复成立数学系党支部，赖日旺代理书记（至 1973 年 10 月）。1973 年 10 月，党支部再次改为党总支，蔡声扮①代理书记（至 1978 年 7 月），陈木叶任副书记（至 1979 年 6 月），兰福谦任副书记（至 1980 年 2 月）。1974 年 9 月，工宣队陈顺辉任副书记（至 1977 年）。

1950 年留日学者李文清②来校任教，数学的师资力量有所增强。1950 年，数理系共招生 20 名，分数学与物理两组，其中数学组有 3 名学生，分别是陈景润、杨锡安与李秋秀，1952 年增加了休学后复学的陈孟平（原为 1949 年入学的

---

① 蔡声扮（1922-10—2005-06），男，马来西亚归侨，1949 年毕业于国立暨南大学理学院数理学系。1978 年 3 月，调任学校新设立的生产设备处处长，1985 年离休。

② 李文清（1918—2017），男，河北滦县人。1939 年考入燕京大学，后转入北京大学学习。1943 年 7 月毕业后到日本留学，先后在大阪帝国大学、京都帝国大学数学系学习。1950 年 5 月学成归国到厦门大学任教。从事函数理论及系统科学的应用研究，著有《泛函分析》《滤波理论》，出版译著《信息论》（1962 年，译自日文）、《线性泛函分析》（1963 年，译自德文）。在他的直接推动下，厦门大学于 1972 年开设控制论专业，之后在此基础上创办了计算机科学系。任计算机科学系首届系主任，曾任学校校务委员会委员、理科学术委员会副主任、学校工会主席等职，农工民主党第八届中央委员和第九届中央咨监委员，福建省政协第四至六届委员，农工民主党厦门市第五、六届委员会副主委，第七届委员会主委和第八至十一届委员会名誉主委。

学生)。1951年3月,由于台海前线形势紧张,数理系随理学院和工学院全体师生跋涉数百里,于4月1日迁移至龙岩市白土镇(今东肖镇)办学。1952年2月,随着厦门海防日益巩固,奉中央教育部的电准,疏散到龙岩的师生返回厦门。

1952年开始实行第一个五年计划,中央提出整顿和加强综合性大学的方针,全国高校进行大规模的院系调整。1952年6月26日,由于全国院系大调整,华东军政委员会教育部发文给厦门大学,内容如下:"五月十六日(52)厦字第一二四号呈悉。问于你校数理系自下年度起拟分为数学物理两系事。经奉中央政府教育部六月十三日第四一四号批复,同意你校意见。复希知照。"于是,数学与物理在1936年合并后又独立成系。数学系首任系主任是方德植教授,任期为1952—1960年。1952—1953年期间,由于全国院系调整,浙江大学数学系的张鸣镛[①]、林振声[②]、厉则治[③]相继调入厦门大学。至1954年,数学系的教师有19人,分别为教授1人:系主任方德植;副教授1人:李文清;讲师8人:戴锡康、洪炳耀、陈奕培(1946年厦门大学数理系数学组毕业后留校任教)、林坚冰(1948年厦门大学数理系数学组毕业后留校任教)、辜联昆(1949年厦门大学数理系毕业

---

① 张鸣镛(1926—1986),男,浙江温州人。1948年毕业于浙江大学数学系并留校任教。张鸣镛在浙江大学读书期间就表现出非凡的数学才华,与谷超豪被特别准许同时参加陈建功教授的函数论专题讨论班和苏步青教授的微分几何专题讨论班(全年级中同时参加两个讨论班的只有他们两人)。1948年,浙江大学数学系毕业留校两个毕业生做助教,就是张鸣镛和谷超豪。在浙江大学任教的四年期间,张鸣镛发表了四篇关于微分几何和函数论的论文。1950年,他给出了芬斯勒(Finsler)空间子空间平均曲率的几何定义,超越了Cartan和Berwald定义的特殊性,并做了系统的研究。1959年,Rund在其专著《Finsler空间微分几何》(德国GMW数学丛书)中对这些成果做了系统的介绍。

② 林振声(1919—1998),男,福建福清人。1947年毕业于浙江大学数学系并留校任教。1952年院系调整时调入厦门大学数学系,1960年调入福州大学参与创办福州大学数学系。1979年晋升为副教授,1980年晋升为教授,1985年荣获福建省"五一劳动奖章",是国务院政府特殊津贴专家。林振声从事常微分方程稳定性理论研究,著有《概周期微分方程与积分流形》、《线性系统指数型二分性与双曲结构》和《微分方程稳定性理论》(与杨信安合著),共培养了19名研究生。他曾任福建省第五、六届政协委员,福建省数学学会第三至五届常务理事,《数学年刊》编委,《微分方程年刊》主编。1956年国庆,林振声受邀到北京天安门观礼台观看阅兵。

③ 厉则治(1927—1993),男,浙江东阳人。1950年8月毕业于浙江大学数学系并留校任助教,1951年开始发表研究论文。1953年与合作者解决了美国数学家提出的关于凸区域的一个问题,发表在《数学学报》上。

后在中学教书,1950年调到厦门大学任教)、张鸣镛(1952年由浙江大学调入)、林振声(1952年由浙江大学调入)、厉则治(1953年由浙江大学调入);助教9人:钟同德、林鸿庆、林鹏程、魏祖烈、王子若、陈孟平、李秋秀、杨锡安、贺建勋。其中,钟同德1950年数理系数学组毕业后留校任教,林鸿庆、林鹏程、魏祖烈、王子若1952年毕业后留校任教,陈孟平、李秋秀、杨锡安1953年毕业后留校任教,贺建勋1954年毕业后留校。辜联昆兼任数学系秘书(至1958年赴莫斯科大学进修)。随着数学系的成立,数学系的招生人数大幅度增加,1952年录取新生60多人,超过之前所有数学毕业生的总和。

李文清　　　　　陈景润(厦门大学档案馆提供)

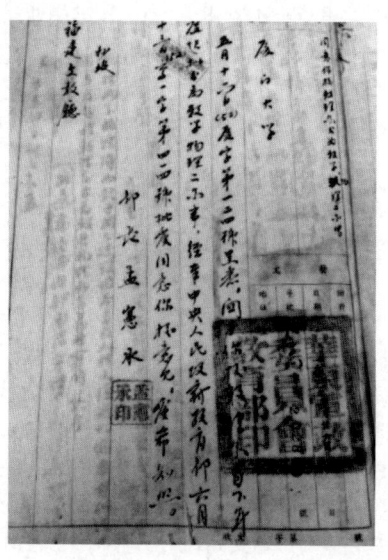

华东军政委员会教育部给厦门大学文稿(厦门大学档案馆提供)

　　1952年的全国院系调整之后,厦门大学根据教育部的指示,积极进行教学改革,主要是全面学习苏联,制定教学大纲,培养国家急需的人才。数学系十分重视首届学生的培养质量,决心将数学系打造成为培养优秀人才的南方基地。方德植带领大家根据苏联的教学大纲,制定本专业的教学计划、课程设置和教材选用办法,亲自为学生讲授"数学分析""微分几何""变分学"等课程。特别地,关于微积分课程,之前分为"初等微积分"和"高等微积分",此次改为"数学分析"(学两年),不仅在课程名称上有所变化,在课程内容、授课重点以及教学方法上亦有较大的变动。方德植还翻译了苏联希洛夫教授的《向量分析讲义》,并于1957年在高等教育出版社出版。

1953年,教育部进一步明确了综合性大学的教学与科研任务。同年10月,王亚南校长在面向全校师生的报告中,提出切实加强厦门大学的教学与研究工作,要求各系都要组建教研组。数学系成立了3个教研组:基本数学教学小组、函数论教学小组、科学研究小组,其中基本数学小组主要负责数学系数学分析、解析几何、高等代数以及物理、化学两系高等数学的教学工作,而科学研究小组则开始尝试做一些研究工作。1955年下半年至1956年上半年,为更有针对性地培养人才,数学系开始设置若干专门化课程:"几何函数论"(张鸣镛)、"泛函分析"(李文清)、"微分方程定性理论"(林振声)、"多复变函数论"(钟同德)与"高等几何"(方德植)。与专业课程相比,专门化课程的要求更高,目标更明确,每年有四五十名学生选择专门化课程。另外,由于解放初期中学师资奇缺,数学系还特别抽调两位教师为轮训班授课,其中方德植教授给中学师资轮训班讲授"为什么几何三大作图问题是不可能的",李文清副教授讲授"近代数学的发展"。

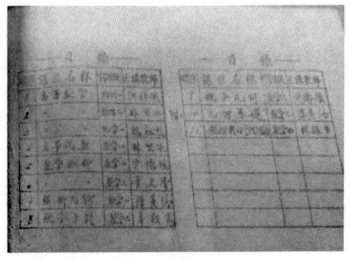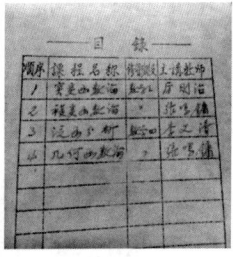

厦门大学数学系开设的教学课程(厦门大学档案馆提供)

数学系很快就在教学上取得了初步的进展,但在科研上仍然面临很大的困难。这主要有如下几方面原因:首先,师资力量虽比过去有较大增强,但高级职称的教师只有两人,与其他高校差距明显;其次,教学任务繁重,除了本系的教学工作外,还需承担全校理科各系的高等数学和华侨函授部数学专业的教学,每个教员每学期平均讲授 2～3 门课;最后,严重缺乏数学学术期刊,仅有一些抗战时期遗留下来、残缺不全的数学杂志。数学系面对困难,统一思想,正视科研与教学的关系,并积极向学校申请经费,购置了一批国外图书与期刊。特别地,在系内组织科学研究小组,明确 3 个方向:几何函数论、微分方程论与实变函数论,其中张鸣镛负责几何函数论,林振声负责微分方程论,李文清负责实变函数论。负责人确定研究内容,定期组织开展讨论班,要求每位教师必须参加一个方向的科研小组。

在当时数学系的教师中,除了方德植、李文清有过研究经历之外,从浙江大学调来的张鸣镛、林振声与厉则治的研究能力也十分突出,是当时开展科学研究的中坚力量。在数学系独立成系后的前五年中,张鸣镛发表了 10 篇论文,在多重调和函数、多重调和势位及多重调和张量场方面取得了重要成果,特别是在 1955 年得到一个凸像的布洛赫(Bloch)型常数,后来被称为"张鸣镛常数",并在 1980 年教育部审订的《函数论专门化教学大纲》中列为一个条目。这是当时列入该大纲的唯一的以中国数学家命名的条目。1954 年,厉则治举例否定了苏联数学家提出的有关线性变系数微分方程解的渐进性质的猜想。

在讨论班的带动下,年轻教师成长很快,很多人都写出了论文。1952 年 7 月,《厦门大学学报》复刊,在 1953 年《厦门大学学报》的数学生物版专刊中,张鸣镛发表了论文《多重调和函数的边值问题》,林振声发表了论文《无限次类体》。1954 年《厦门大学学报》(自然科学版)第 4 期共刊登 14 篇论文,其中数学系教师发表的论文有 10 篇(方德植 2 篇,张鸣镛 2 篇,林振声 2 篇,李文清、厉则治、钟同德、辜联昆各 1 篇)。时任学报主编卢嘉锡称赞数学系:"在教师人员少,教学工作又繁重的情况下,有这样的成绩应该珍贵和赞扬的。"

方德植

李文清

张鸣镛

1952年6月7日,中国数学会厦门分会成立大会在厦门一中举行,共24人参加会议。会议议程:一是由方德植代表筹备会报告筹备经过;二是小组讨论章程草案、理事人选;三是通过分会章程;四是推选理事。会议选出理事7人,分别是厦门大学的方德植、欧阳琦、陈奕培、张鸣镛,厦门一中的黄奕世,厦门二中的陈圣德,集美中学的何其昌;候补理事1人,为厦门大学的何恩典。分会成立以后,理事成员做了分工:理事长方德植,秘书陈奕培,组织黄奕世、何其昌,业务欧阳琦、陈圣德,会计张鸣镛。1952年,数学分会与厦门市文教局、中学师资轮训班联合举办了三次讲座,分别是方德植的"几何作图问题"、李文清的"超越数"、张鸣镛的"数学分析与分析数学"。1954年1月,中国数学会厦门分会创办了会刊《厦门数学通讯》,编辑部设在厦门大学数学系。创刊号是油印本,印数200册,之后均为铅印。据中国数学会史载,除了中国数学会主办的《数学学报》、《数学通报》(方德植任编委)、《数学进展》外,当时地方数学分会办的杂志只有3家:武汉分会于1950年创刊的《数学通讯》,厦门分会于1954年创刊的《厦门数学通讯》,西安分会于1954年创刊的《数学学习》。

　　1953年,陈景润从厦门大学毕业后分配至北京四中任教,但因不善表达且身体不好(一年内生病6次,住院3次),不久即被辞退,不得已回到老家福州摆书摊。时任厦门大学校长的王亚南知道这件事情后,与校党委书记陆维特商量,决定将陈景润请回厦门大学,安排在数学系的资料室工作,后又安排他担任张鸣镛主讲的"复变函数论"课程的助教。陈景润回到厦门大学后,李文清告诉他研究数论应该读华罗庚的书,特别是《堆垒素数论》。为了掌握华罗庚的《堆垒素数论》,陈景润把书拆成一页页,每天放几页在口袋里,走到哪里就读到哪里,前后读了二三十遍。在研读过程中,陈景润发现可改进华罗庚关于Tarry问题研究成果的证明,于是将此列入1956年的研究计划。陈景润将改进后的证明写成论文,并请李文清与张鸣镛审核,二人未发现问题。随后,李文清将这篇论文寄给了他在燕京大学时期的老师兼朋友、在中国科学院数学研究所工作的关肇直,请他转给华罗庚先生。华先生十分重视这篇论文,在《堆垒素数论》再版时,做了相应修改,并在序言中对陈景润表示感谢。后来,华先生专门打电报到厦门大学,点名邀请陈景润参加在北京召开的全国数学论文宣读大会。

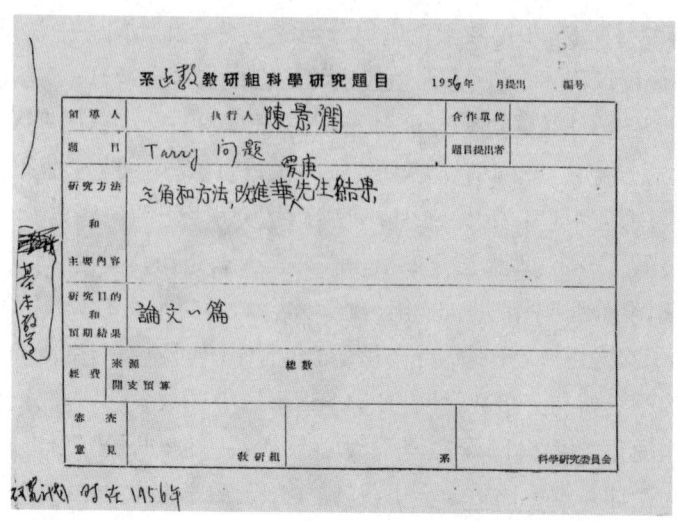

陈景润1956年写的研究计划

从1952年数学系成立到1955年底，厦门大学数学系的教师人数近20人，共进行了80多次专题报告，撰写了40多篇论文，与独立成系之前相比有天壤之别。据校史记载："有人称赞当年数学系有一种'少林寺精神'，就是人人动手，各显其通，老和尚动，小和尚也动，老的少的都有两下子。"由于杰出的办学成绩，从1955年开始，厦门大学数学系多次受到兄弟院校的赞扬，被誉为"东南的数学花朵"。

1956年6月6日，《光明日报》在头版显要位置发表了题为《克服困难，努力创造条件　厦门大学数学系开展了科学研究工作》的报道，对厦门大学数学系4年来的科学研究工作进行了总结与宣传，使得厦门大学数学系在全国范围内更加引人注目。文章总结了数学系的经验：一是清除了怕科研影响教学的想法；二是根据不同水平提出不同要求；三是根据课题方向，妥善安排工作。

数学系在教学质量和科研能力不断提高的同时，也非常注意激发广大学生的学习热情和兴趣。各班组织兴趣小组，系方还为此创办了《数学习作》油印刊物，作为学生交流学术的园地。数学系对于外语也非常重视，有的高年级课程选用外文教材，要求学生阅读并翻译外文专业文献，并为此编印《俄中英数学小词典》，该书后来加以补充扩展为《俄中英　英中俄数学词典》，由当时的厦门人民出版社出版发行。

《光明日报》对厦门大学数学系的报道

1956年夏天，中华人民共和国成立后数学系的首届学生毕业。该届学生入学时有60多人，由于留级、转系或退学等原因，仅46人按时毕业，可见教学要求之严格。这届毕业生中有不少人选择继续深造，其中就包括了日后成为院士的林群[①]，

林群院士

[①] 林群(1935-07—　)，男，福建连江人。1956年毕业于厦门大学数学系，现为中国科学院数学与系统科学研究院研究员。1993年当选为中国科学院院士，1999年当选为第三世界科学院院士，2015年当选为美国工业与应用数学学会会士。2001年获捷克科学院"数学科学成就"荣誉奖，2004年获何梁何利基金科学与技术进步奖，2015年获得第十二届华罗庚数学奖，2017年获得全国创新争先奖。主要从事计算数学研究工作，在有限元分析研究方面形成独特的理论体系，研究成果被国际同行称为"林群迭代""林氏恒等式""林氏公式"等。研究项目"有限元外推技术"1989年获中国科学院自然科学奖一等奖。曾兼任厦门大学数学研究所所长、厦门大学《数学研究》杂志主编。

以及赖万才①、郑祖庥②教授。学生的培养质量得到国内兄弟高校数学系的肯定与认可,复旦大学等高校专门来厦门大学招收研究生。

这一届还有很多毕业生后来都成为高校教师队伍的骨干,如陈文忠(厦门大学教授)、王建举(厦门大学教授)、庄琼珊(厦门大学副教授)、黄伙泉(厦门大学副教授)、黄启宇(福建师范大学教授)、高慧贞(福建师范大学教授)、林宗池(福建师范大学教授)、张文泉(福建师范大学教授)、吴绍敏(华侨大学教授)等。

1955年12月,高教部颁发《关于厦门大学发展方向的决定》,确定厦门大学应以"面向东南亚华侨、面向海洋"为今后发展方向。1956年10月1日,厦门大学成立华侨函授部,方德植兼任函授部主任。1957年华侨学生回国求学者日益增加,数学系招收了来自越南、马来亚和印度尼西亚的侨生16人。

1956年1月,中共中央发出了"向科学进军"的号召。为了响应国家的《十二年科技规划》,厦门大学确定了十二项研究重点,其中就包括数学系提出的关于"大范围的几何与分析"的研究。数学系总结了过去几年的成功经验,分析了其中的不足之处,认为存在的主要问题是研究领域分散、诸研究之间没有发生联系,这种状况与现代数学的发展是不相宜的。鉴于数学系的主要研究方向分布在几何函数论、微分方程定性理论、微分几何等领域,数学系决定以大范围的几何与分析为研究中心,将各方面的研究有机统一起来,这是非常具有雄心壮志的研究计划。厦门大学制定的"大范围的几何与分析"研究范围广阔,主要由以下几个方面组成:单复变函数的几何理论、多复变函数论、广义函数论、线性运算与逼近论、数学统计、微分方程的定性理论、偏微分方程论、射影微分几何、一般空

---

① 赖万才(1934-11—),男,福建永定人。1956年毕业于厦门大学数学系,同年考取复旦大学陈建功教授的研究生,1959年毕业后先后在上海数学研究所、华侨大学、福建师范大学任教。1978年8月调回华侨大学数学系,历任讲师、副教授、教授,享受国务院政府特殊津贴。主要从事解析函数论与拟共形映照的研究,证明了 Hayman 的一个猜想,研究论文获1978年全国科学大会重大科技成果奖。一些研究成果被收入 Burckel 的《经典复分析引论》(1979年)、Hayman 的《亚纯函数》(1964年) 和 Nevanlinna 的《解析函数》(1936年德文第一版,1953年德文第二版的1970年英译本)中。曾任全国政协第六至八届委员,福建省数学学会第二至五届副理事长,1981—1998年任《数学年刊》编委。

② 郑祖庥(1934-08—),福建仙游人。1956年毕业于厦门大学数学系,先后在复旦大学、安徽大学任教。曾任安徽大学教务长、数学系主任、中国数学会理事、安徽省数学会副理事长。出版《泛函微分方程理论》等专著、译著5本,曾获安徽省科技进步奖二等奖、教学成果二等奖,1991年起享受国务院政府特殊津贴。

间的微分几何与拓扑。

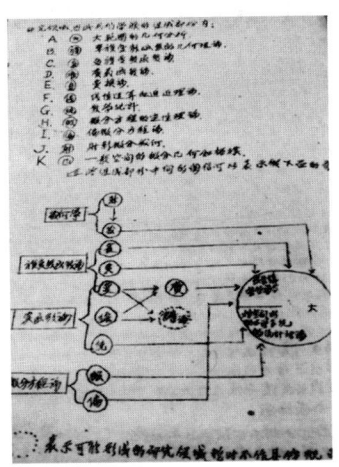

厦门大学数学系在 1956 年的研究计划（厦门大学档案馆提供）

为了在以上领域储备足够的研究人员，数学系开始有计划地向外派出进修教师。1954 年 8 月至 1956 年 8 月，钟同德在科学院数学研究所师从华罗庚教授学习多元复分析。1956 年 6 月至 1958 年 9 月，陈奕培在中国科学院数学研究所进修，师从吴文俊、张春诚 2 位教授，研习拓扑学。1950 年 8 月至 1951 年 7 月，林坚冰赴北京中国科学院数学研究所，先在华罗庚先生指导下学习研究 Tauber 理论，后在吴新谋教授指导下学习偏微分方程理论；1957 年 9 月至 1959 年 8 月，赴苏联列宁格勒大学进修，并在该校学报发表《弗然克尔问题广义解》的论文。1958—1960 年，辜联昆赴莫斯科大学，师从奥列尼克教授，进修偏微分方程。这批教师学成回校后，在学术上迅速成长为学术骨干。1957 年起，钟同德在厦门大学建立多元复分析研究组，这是我国早期多元复分析的 3 个研究中心之一。同年，钟同德与陆启铿得到了具 B-M 核的普利梅尔兹（Plemelj）公式，该成果被写入《数学百科全书》。1957 年，国际数学联盟向厦门大学发函邀请数学系派人参加 1958 年在英国爱丁堡举行的国际数学家大会，但由于种种原因，厦门大学并未参加。

为了检阅我国数学家特别是青年数学家的成长，中国数学会于 1956 年 8 月 13 日至 19 日在北京召开了论文宣读大会。李文清、张鸣镛和陈景润作为代表参加了本次会议并宣读论文，这说明厦门大学数学系已在当时中国数学界占有一席之地。陈景润在会议中汇报了他此前关于 Tarry 问题的研究结果，华罗庚发言对陈景润的结果做了肯定性的评价。

1956年8月24日,《人民日报》对这次全国数学论文宣读大会做了报道,其中特别提及厦门大学与陈景润:

> ……中国在解放前只有北京、天津、杭州、武汉、南京等五个城市的六个学校有少数数学研究人才。现在,参加这次大会的数学研究工作者就有来自上海、南京、长春、沈阳、厦门、西安、成都、青岛等城市的二百多人……
>
> 许多青年数学研究工作者提出的论文也表现了他们突出的数学方面的才能。他们虽然从事数学研究只有四、五年的时间,但他们的论文都达到一定的水平。老数学家们在谈到王元、严士健、尹文霖、谷超豪、夏道行、丁石孙等的论文的时候,都认为,这是个中国数学界十分可喜的成绩。从大学毕业才3年的陈景润,在两年的业余时间里,阅读了华罗庚的大部分著作。他提出的一篇关于"他利"问题的论文,对华罗庚的研究结果有了一些推进。

论文宣读大会后,华罗庚让中科院数学所办公室主任与厦门大学商调陈景润进京。但厦门大学也意识到了陈景润的才华,回函说厦大非常需要陈景润。不久后,陈景润又被聘为张鸣镛的助教,调动事宜暂时搁浅。然而,陈景润的教学情况并不理想。时任数学系系主任的方德植考虑到陈景润的专长,便同意他到研究条件更好的中科院。1957年10月,陈景润调到中国科学院数学研究所工作后,在华罗庚先生的指导下开始研究哥德巴赫猜想,后来取得了令世人瞩目的"1+2"成果。

1958年,全国高校展开教育大革命。厦门大学由教育部管理转为福建省管理。当时,数学系设置了3个本科专业:数学专业、力学专业(着重低速流体力学)、计算技术专业。根据国家科学发展规划,数学系选派一批师生外出学习计算机与计算数学,准备建设计算机、计算数学专业,并派师生下厂下工地,开展自动控制研究,开设有关课程。数学系还增设了计算数学、概率统计、数学物理方法、运筹学等学科方向,客观上为筹建福州大学数学系奠定了基础,也为后来数学系设置计算数学与应用数学两个专业提供了基本条件。遗憾的是,随着全国"反右"运动相继展开,大环境发生了根本性的变化。由于种种原因,张鸣镛、林振声、厉则治都被错划为"右派",《厦门数学通讯》在1959年停刊。1960年,方德植被作为"右倾"分子批判,并被撤销系主任职务。

至1959年底,数学系共有教师59人。其中教授1人:方德植(系主任);副教授1人:李文清;讲师11人:张鸣镛、辜联昆(兼任秘书,在外进修)、洪炳耀(病休)、林坚冰、林鸿庆、钟同德、林鹏程①、陈传淡、陈奕培、魏祖烈(在外进修)、林振声;助教24人:陈孟平、贺建勋、李秋秀、郑德民、潘淑珍、庄琼珊、翁文辉、杨玉钦、杨锡安、杨春森、陈文忠、姚雨南、刘希远、康金章(在外进修)、蔡维璇、王巧君(在外进修)、林霖(在外进修)、林叔荣、杨贤雄、郭坤甫、吕启卓、叶芳草、郭福星、许为厚;见习助教15人:董奢、林景荣、朱煜民、肖贻兴、黄衍铁、付孙颐、吴文钰、孙传灼、柯宝渝、洪乃端、潘达敏、郑淑铭、郭福星、何天牧、张毅(在外进修);厦门大学华侨函授部教师(助教)7人:王建举、郑宝琚、陈景辉、林文峰、陈岳中、张思良、叶金魁。

1960年数学系承担筹建福州大学数学系的任务,全系教师队伍中抽掉约一半到福州大学工作。1960年初,李秋秀、潘淑珍、郭福星、洪启泰4位教师职工离校前往福州。而后数学系的计算机、计算数学专业教师全部支援福州大学。当时数学系共有学生349人,调往福大124人,其中一年级157人,调往福大60人;二年级116人,调往福大39人;三年级76人,调往福大25人。

1960-02—1966-07,林鸿庆任中国数学会第二届理事。1962—1972年,林坚冰任福建省数学学会理事长。1962年,方德植教授开始招收研究生,首届两名微分几何方向的研究生是林怡谋②和魏献祝③。

---

① 林鹏程,男,福建永春人,1952年毕业于厦门大学数理系后留校任教。1960年调往福州大学。曾任中国计算数学学会理事,福建省数学学会常务理事兼学术委员会副主任,福建省计算数学会副理事长兼秘书长。长期从事计算数学研究,曾获湖南省优秀科技成果奖二等奖,获"福建省教育系统先进工作者"称号,享受国务院政府特殊津贴。

② 林怡谋(1938-10—2010-04),福建晋江人。1961年厦门大学数学系本科毕业后留校任教,1965年7月研究生毕业后分配到福建二师院(现为闽南师范大学)数学系任教,1970年7月下放到晋江县,1972年11月至1985年6月在福建师范大学数学系任教,1985年6月在漳州师范学院(现为闽南师范大学)数学系任教,1998年7月晋升教授,主要研究Finsler空间在闵可夫斯基空间中的嵌入。

③ 魏献祝(1938-05—2018-12),福建泉州人。1961年厦门大学数学系本科毕业后留校任教,1965年7月研究生毕业,1987年在泉州师专晋升教授,主要从事Finsler几何的研究。曾任福建省全省师专数学协作组长、泉州市科协副主席。曾获全国五一劳动奖章、"全国优秀教育工作者"称号、全国高等师范专科院校曾宪梓教师奖二等奖,享受国务院政府特殊津贴。

1961年，厦门大学贯彻教育部《高校六十条》，坚持教学为主，教学质量不断提高。为此，数学系充实教学内容，保证系统教学，例如将"解析几何"从82个课时增加到了112课时。1963年9月厦门大学被认定为全国重点高等学校，改由教育部直属管辖。数学系进一步加强和规范了教学管理，加大师资培养力度。1958—1966年，数学系教师共发表论文35篇。1957年，方德植翻译的《向量分析讲义》由高等教育出版社出版；1960年，李文清的《泛函分析》由科学出版社出版，1966年出版了第二版；1964年，方德植的《微分几何》由高等教育出版社出版，林坚冰、陈奕培主编的《俄中英　英中俄数学词典》由厦门人民出版社出版。1965年，数学系又先后增设概率统计、数理方程和力学3个专门化学科，全系共8个专门化学科。一些学科分支，如微分几何、函数论、泛函分析、微分方程等，具有较高的学术水平，在国内有一定的地位。另外，图书资料也有了较大充实，国内外期刊已有300多种。

截至1966年，数学系有教师49人，其中教授1人（方德植），副教授5人（李文清、张鸣镛、林坚冰、钟同德、陈奕培），讲师8人，助教35人。1955年在校学生人数79人，1965年增加到401人，其中1963年在校生人数达到464人。自1953年至1966年的14年间，数学系共为国家培养输送了707名本科毕业生。

"文革"开始，数学系停止招生，教学与科研工作停顿，许多教师被下放农村或从事体力劳动。1969年，成立数学系"革命领导小组"，成员为赖日旺、雷旭东（军宣队成员）、黄天恩（工宣队成员）。1969年12月，数学系设党支部，由赖日旺代理书记，1970年6月至1973年10月陈木叶任副书记。1970年，学校革委会决定建立新的办学体制，"在原有校办工厂、实验室、科研组的基础上，建立校办厂，实行厂带专业。教师、学员和校办厂工人一起组成专业连队，由工厂实行一元化领导，统筹教学、科研、生产，建立无产阶级教育新体制"。1970年，建立试制计算机小组与射流元件研制组。1970年数学系举办工农试点班，招收27名学员。1971年，设立"计算技术与自动控制"专业。这样，数学系1972年招收数学、计算技术与自动控制两个专业的本科生，数学系下属自动控制厂，设两个车间——射流元件车间、电子计算机车间，试制福建省第一台数字程序控制线切割机。数学系还到农村工厂举办了"优选法""射流技术""船体放样""摇纱机自动控制""气象预报中的概率统计方法""仪表中的晶体线路"等短训班。1973年底，恢复系主任建制，蔡声坋担任系主任（任期至1977年）；1973年10月，数学系党支部改为党总支部，由蔡声坋代理书记（至1978年7月）。

1973年,成立数学研究室,主要研究概率统计及其应用、偏微分方程及其应用。1974年底到1977年,计算技术与自动控制专业的师生以青州造纸厂为基地,进行现场教学;数学专业水工结构方向的师生深入山区参加水库的建设,并与省水利大队联合举办拱坝培训班;统计预报方向的师生进行有关台风和地震的预报研究。1976年底,计算技术与自动控制专业改称控制理论专业。

1961年,辜联崑从苏联进修回国后即调任福州大学任副教授,参与创办数学力学系,在福州大学期间曾任系主任、教研处副处长。1975年,辜联崑从福州大学调回厦门大学,任教务处副处长。

截至1976年,数学系教师总计89人,学生约200人。

三、重整旗鼓　全面复苏（1977—1984）

1976年10月党中央一举粉碎"四人帮",历史翻开了新的一页。

1977年11月,黄国柱任系主任。1977年,蔡声坋代理系党总支书记。1979年,方德植任系主任,林坚冰、张鸣镛、钟同德任副主任,方勤任党总支书记。1980年2月至1982年1月,黄国柱任党总支副书记。1981年12月陈炳三任党总支副书记。1984年11月,党总支换届,谢德平任党总支书记,佘维山任副书记。

1977年12月,李文清当选福建省第四届政协委员。1979年9月,李文清当选校工会副主席。1982年,学校成立研究生处,辜联崑任首任副处长并主持工作。1984年8月,学校党政班子换届,辜联崑任副校长、学校第四届党委常委,同年兼任学校职工业余大学校长。

1977年至1984年间,数学系共引进教师32人,名单如下:

1977年:蔡建立、李茂青、林永华、张振明。

1978年:冯树汉、辜建德、姚宗元、叶仰明、潘美霞。

1979年:蔡健、林应标。

1980年:陈昌明、董槐林。

1981年:邱曙熙、吴炯圻。

1982年:陈抗、蔡丽娟、曾晓明。

1983年：曹镇潮、陈耕、陈超荣、黄升、林鹭、林寿康、邱春福、杨世廞、叶悦。

1984年：刘侃、颜重庆、章晓、赵云鹤、郑鸣。

1977年10月，全国恢复高校统考招生制度。数学系着手制定专业教学计划和各门课程的教学大纲，恢复"文革"期间遭受破坏的教学秩序。1977年12月，学校决定恢复公共数学教研室，并将之归属数学系。1977年底，数学系招收数学和控制理论两个专业的本科生共计112人，占全校当年招生数的10.1%；数学系是当年厦门大学理科录取分数最高的。1978年，数学系增设计算数学专业。1981年，数学系又增设计算机软件专业，为后来厦门大学创办计算机系奠定了基础。

1978年2月，厦门大学恢复为教育部部属的全国重点大学。学校教学秩序迅速走向正轨。数学系开始进行各方面的调整与改进，在加强党政领导、调整专业设置、培养研究生、建设师资队伍、出国出境学术交流、组织参加学术活动、申请各类基金以及充实图书文献资料和设备等方面均取得了较大的进步与完善，教学和科研的质量有了较大的提高。据《1978—1985年厦门大学发展规划纲要》记载，数学系当时的发展规划如下：三年内，调整充实各专业的课程设置，全面加强数学基础理论课的教学，抓紧改革教学内容和方法，加速进行实验室的充实和改造，建立计算机控制系统实验室，尽快提高教学质量，培养又红又专的数学研究人才。在保质保量完成教学任务的同时，要积极开展数学的理论研究，建立数学研究所，设数学、控制理论和计算数学研究室，以及争取较快地把科研工作的起点转到当前世界先进水平上来。八年内，要采取积极措施，增加研究生的比例，快出人才，多出人才，培养具有特色的、基础比较坚实、能独立进行科学研究工作的数学人才。(1)要积极开展函数论、微分几何、概率统计、偏微分方程等学科的理论研究，并对数学的新生长点，如位势论、微分几何、多复变数函数论、随机点过程、二阶非线性偏微分方程等方面开展研究，做出成绩。(2)要迅速发展控制理论，特别在系统识别、非线性滤波、最佳控制理论、大系统稳定性理论、过程控制软件、计算方法、计算机的程序理论等某些研究方面做出贡献，争取在20世纪建立具有我国特色的"控制数学"学派。(3)要发展计算数学的基本理论、研究新的设计方法，八年内在线性代数、微分方程、有限元素法等方面的计算方法上做出贡献。

1979年秋开始，学校教务部门要求全校各系每学期都要进行期中教学检查。数学系从实际情况出发,以提高教学质量为目标,采取"三个结合"(即听课、汇报、交流相结合,点面结合,师生领导相结合)的做法,既肯定成绩,交流经验,又发现问题,研究解决办法,以检查促交流促改进,进一步规范教学管理,提高教学质量。1980年1月,教务处组织了一次全校性的教学观摩活动,选择五门基础课程,邀请五位经验丰富的教师示范性授课,其中就有一门数学系课程。1980年,厉则治获得1979—1980年厦门大学优秀教学奖。1981年,厉则治再次获得1980—1981年厦门大学一级优秀教学奖。

1978年2月,由于"文化大革命"而长期中断的研究生招收培养工作开始恢复。数学系当年招收的硕士研究生10人,攻读专业为基础数学,研究方向分别为微分几何、控制理论、位势论、偏微分方程、多复变函数和微分方程定性理论等,研究生名单如下:陈鉴炘、高鸿桢、何文华、邱曙熙、吴炯圻、叶仰明、殷鼎国、郁克敏、王志雄、郑应文[①],导师是方德植、李文清、厉则治、张鸣镛、辜联昆、钟同德等人。1981年12月,国务院批准全国首批博士、硕士学位授予单位,数学系基础数学、运筹学与控制论两个专业获硕士学位授予权,学术带头人为方德植、李文清、张鸣镛、辜联昆、钟同德等。

由于"文革"十年的严重影响和破坏,许多教师的基础理论和知识结构出现缺漏。为此,数学系举办学术讨论班,以教研室为单位,形式有两种:一是为科研服务的,主要由教授、副教授或老教师做指导,按科研选题组织,以研读文献或专著为主要方式,每月开展一次讨论,每次指定一人主讲,使讨论班成员逐步掌握从材料搜集到理论分析的科研工作方法;二是打好某方面基础,主要是组织分支学科的教师,读一些基本著作和文献,每周进行一次讨论,轮流讲解,为今后开设专门化课程做准备。此外,数学系还选派教师赴中国科学院数学研究所、北京大学等国内单位进修。

1978年,李文清、张鸣镛晋升教授。陈发强、陈景辉、陈叔瑾、董奢、冯树汉(原甘肃师范大学)、郭坤甫、黄伙泉、洪乃端、李轮焕、林叔荣、王巧君、谢德平、许

---

① 陈鉴炘,莆田广播电视大学教师;高鸿桢,厦门大学经济学院教授、博士生导师;何文华,福州大学教师;邱曙熙,厦门大学数学科学学院教授;吴炯圻,漳州师范学院数学系主任、教授;叶仰明,厦门大学计算机科学系教授;殷鼎国,缺;郁克敏,华东师范大学数学科学学院副教授;王志雄,集美大学数学系教授;郑应文,福州大学自动化研究所副所长、副研究员。

汝霖、杨汉钊、叶芳草、叶挺生、张克农、郑宝琚、郑耀辉、曾景秀、曾重庆晋升讲师。

1980年,陈明堂、蔡晖、蔡健、蔡经球、高琪仁、龚显宗、辜建德、何宗炯、黄颖、黄水引、梁益兴、林铭玉、林应标、刘恭远、刘双应、罗美琼、施鼎汉、王士铁、吴传霖、谢文山、许清泉、姚宗元、杨鸿坤、杨照南、张平、邹恒富(经济学院,1998年转入数学系)晋升讲师。

1981年,陈传淡、厉则治、林鸿庆、杨锡安晋升副教授;陈鹄汀、肖必泉晋升讲师。

1983年,陈奕培、辜联昆、钟同德晋升教授;陈叔瑾、陈文忠、林叔荣、张克农晋升副教授;胡南桦、黄秀莲、林大兴、林良裕、林亚瑛、邱曙熙、吴炯圻、叶仰明晋升讲师。

到1981年底,数学系共有专任教师109人,其中教授3人,副教授8人,讲师56人,助教42人;设立11个教研室:函数论、几何代数、微分方程、概率统计、力学、控制理论、常微与最优控制、计算数学、计算机软件、计算机硬件及公共数学,并设有图书阅览室和资料室。

1977年,数学系与华东师范大学、山东大学、南开大学、中山大学的同行发起全国性的"控制理论与应用学术交流会"。1979年5月,受中国自动化学会的委托在厦门举办第一届全国控制理论与应用学术交流会。1978年,李文清招收第一届滤波与随机控制方向的硕士生。1979年,贺建勋招收大系统理论与应用方向的硕士生。1980年底,学校开始筹备成立计算机科学系。1982年2月,数学系的控制理论和计算机软件两个专业另行建立计算机科学系,李文清担任计算机科学系首任系主任。计算机系建系时,全系共有59名教职员工,其中56名由数学系转入(包括蔡经球、蔡维璇、陈明堂、陈亚陵、辜建德[①]、何宗炯、贺建勋、李文清、李茂青、连瑞兴、林坚冰、骆镇华、施鼎汉、王建举、王士铁、翁文辉、吴传霖、谢文山、薛永生、杨鸿坤、杨玉钦、张少润、曾昭磐等),并将100多名学生和计

---

① 辜建德(1943-03—),男,1961年毕业于北京大学数学系。1978年调入厦门大学数学系任教,1981年计算机系成立时归属计算机系。教授,享受国务院特殊津贴专家。历任计算机系副主任、系代主任、厦门大学总务长、校长助理兼成人教育学院副院长等职务。1995年12月调集美大学任副校长,1997年5月任集美大学党委副书记、校长,集美大学校友会会长,主要从事系统工程理论方法与应用以及大系统稳定性理论与应用的研究。

算机实验室、自动控制实验室划归计算机系。此时,数学系保留数学和计算数学两个专业,教职工共计81人。

1978年11月,林鸿庆当选为中国数学会第三届理事会理事。1984年10月,张鸣镛当选为中国数学会第四届理事会理事。1979—1983年,林坚冰当选全国计算数学学会理事。1981年,张鸣镛任福建省第二届数学会副理事长。

1979年6月,学校理科科研工作会议强调坚持以基础理论研究为主,兼顾应用科学研究,争取在基础数学研究等方面做出成绩。1978年5月,厦门大学举办第七次科学讨论会,张鸣镛教授宣读了位势论方法应用在函数论研究上所得到的一些新成果。1977年,由方德植、张鸣镛、林坚冰、辜联昆、钟同德、杨锡安、谢德平、骆振华、肖必泉、蔡晖、林大兴和中国科学院数学研究所王连祥编写的《数学手册》由人民教育出版社出版,王元、万哲先、陈兰荪、冯士雍、林群、顾基发、李文清、林鸿庆对部分内容做了修改。1983年,方德植与陈奕培编著的《射影几何》由高等教育出版社出版。1984年,方德植编著的《解析几何和线性代数》由福建科学技术出版社出版,《微分几何基础》由科学出版社出版,《解析几何》由高等教育出版社出版。1977—1984年,全系教师共发表科学论文84篇。

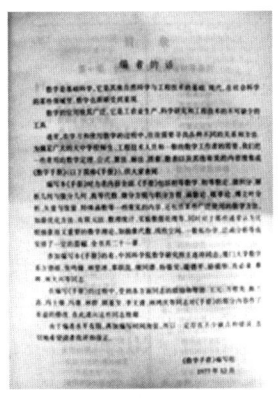

《数学手册》

1978年,林叔荣与晋江地区气象台合作的"台风路径预报"获福建省科学大会科技成果奖。1982年,林叔荣等完成的"多因子综合数值分类与逐步量化方法预报台风登陆"获福建省科技成果奖四等奖。1983年,辜联昆的"偏微分方程理论"与钟同德的"多复变函数的积分表示及其应用"获中国科学院科学基金资助。1985年,辜联昆的"线性与非线性椭圆形及抛物形偏微分方程理论"与厉则治的"随机元与随机测度"获中国科学院科学基金资助,1986年国家自然科学基金会成立,这两项基金项目纳入国家基金委员会管理。这是厦门大学数学学科最早获得的一批国家基金。

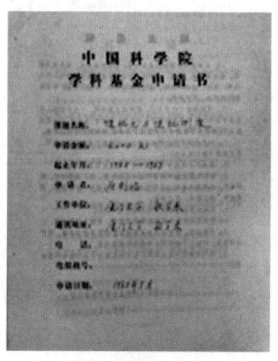 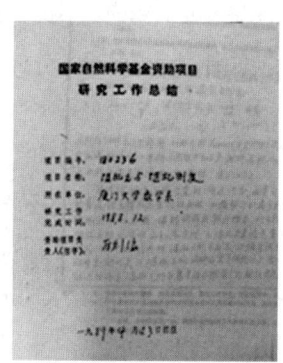

厉则治的基金申请书和结题报告

学术交流活动日益频繁。1978 年,张鸣镛负责组织助教进修班。1979 年,受教育部委托,数学系举办高校师资培训班。1980 年 4 月,经中国科协和中国数学会批准,数学系主办全国多复变函数论会议,共 37 名参会代表,分别来自 17 个高等学校或科研机构,报告的论文共 24 篇,涉及多个研究分支。1980 年 7 月,在厦门鼓浪屿举办函数逼近论第二次全国学术会议,共有 35 个单位的 63 名代表和列席代表参加会议,方德植教授等 8 人组成领导小组,北京大学程民德院士担任组长,会议共收到论文 96 篇,在会上宣读的综合性报告有 9 篇,专题报告 31 篇。1981 年 8 月,数学系承办"奇异积分方程与边值问题学术研讨会",参会代表共 40 多名,报告论文 48 篇,其中综合性学术报告有 7 篇。据统计,1982 年 7 月至 1983 年 5 月间,厦门大学共安排学术报告 180 多场次,其中数学系就有 80 多场次。1983 年,由中科院数学所、北京大学、厦门大学联合举办的全国第一期代数拓扑讲习班在厦门大学举行,陈奕培负责组织工作并承担部分主讲任务。1984 年 8 月,由中国科学院计算中心、南京大学、厦门大学共同筹办的第三届全国最优化数值方法学术交流会在厦门大学召开,参会人员 110 人,来自全国 80 多个高等院校和科研单位,共收到 89 篇论文。

1981 年 4 月 6 日,学校在建南大礼堂举行的 60 周年校庆大会,杰出校友陈景润院士在主席台前排就座,并作为校友代表在大会上发言。这是陈景润自 1957 年离开厦门大学前往中国科学院工作后首次返回母校。陈景润院士的发言全文如下:

今天我能有机会回到学校来参加母校的六十大庆,感到非常荣幸。我离开学校24年后第一次回来,看到我们学校在各方面都取得很大发展,我非常高兴。这些成绩都是在党中央的英明领导下,在党的十一届三中全会和五届人大第三次会议决议的精神鼓舞下,我校全体师生员工共同努力取得的。

回想在学校和工作期间,学校幽美的校舍,丰富的图书资料,良好的学习环境和教师们的辛勤培养和教育,所有这些我至今记忆犹新。我们很自然地深切怀念为我校创建和发展做过很大贡献的陈嘉庚老先生和其他爱国华侨,尤其感激使学校复得兴盛,走上社会主义大道的中国共产党和人民政府。

同志们,我们开会的礼堂就是由陈老先生自己设计,自己到这里指导,自己花钱来盖的。当我在母校读书时,清早我在这儿念书,就看到我们的陈老先生在这里设计礼堂,有时也看到我们的王校长和陈老先生一起在这儿。而我们的陈老先生穿的是什么样的鞋呢?是补的鞋,补的鞋!今天,我能为党和人民在科学研究工作中做出一些成果,是离不开党的教育培养和老师的教育指导的。在十年浩劫中,学校许多领导和老师深受"四人帮"残酷迫害,使教育和科研事业受到极大的摧残。我们尊敬的王亚南校长就是在十年浩劫中离开了我们,这是我国教育界的一大损失。如今,在中央的正确领导下和全国人民的共同努力下,我们国家各方面已经有很大发展,特别是在科研和教育上更有显著突出的例子。母校的领导班子、师资队伍、图书资料、校舍建设方面比过去——我在母校学时都有很大充实、壮大和发展。我相信,在党的正确领导下,在全体老师、同学、职工的共同努力下,我们的母校定会有更大的进展。

同学们,我们今天有这样好的学习环境是来之不易的。我们都要珍惜这大好时光,在党的领导下,在老师们的培养下,努力学习,为攀登科学高峰,为我国早日实现四化而奋斗。

谢谢大家。同学们,奋起吧!

1981年4月,陈景润参加厦门大学建校60周年庆祝大会(潘万华摄)

在厦门大学参加校庆活动期间,陈景润院士还专程前往鼓浪屿看望王亚南老校长的夫人和方德植教授,看望了李文清、张鸣镛、林坚冰等老师。陈景润在其代表作《大偶数表为一个素数及一个不超过二个素数的乘积之和》单行本上签字并赠送给各位老师,感谢他们的指导和培养。陈景润为数学系师生做学术讲座,与数学系教师座谈,并受聘为数学系兼职教授和《数学研究》的顾问。

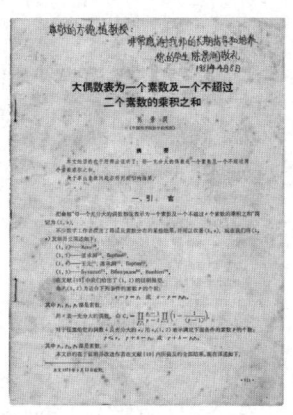

陈景润签字赠送方德植教授的论文单行本

陈景润回母校参加60周年校庆时与我系部分师生合影
（前二排左二起：林坚冰 李文清 方 勤 方德植 陈景润 张鸣镛 陈奕培
　　　　　　钟同德 厉则治
前三排左一起：陈明堂 谢文山 陈发强 李轮焕 蔡 健 杨汉钊 张克农
　　　　　　黄伙泉 曾景秀 连瑞兴 蔡经球 何宗侗 林鸿庆 杨玉钦
　　　　　　郑耀辉
前四排左四起：冯树汉 曾昭盘 姚宗元 林永华 庄琼珊 潘美霞 洪乃端
　　　　　　林铭玉）

1981年9月，《数学年刊》编委第三次会议由数学系承办，在厦门大学举行。《数学年刊》是教育部委托复旦大学主办的全国性数学刊物，创刊于1980年3月，创刊时的编委会由17所单位的34位数学家组成，其中常务编委由11位数学家组成。厦门大学是《数学年刊》的17所创刊单位[①]之一，张鸣镛教授自创刊起担任常务编委，直至1986年去世。

---

① 《数学年刊》的17所创刊单位分别为复旦大学、华东师范大学、北京大学、北京师范大学、南开大学、山东大学、中国科学技术大学、南京大学、杭州大学、浙江大学、武汉大学、四川大学、中山大学、吉林大学、厦门大学、中国科学院数学研究所、中国科学院应用数学研究所。

《数学年刊》编委第三次会议留影(中排左六为张鸣镛教授)

1983年12月,福建省数学学会、厦门市数学会在厦门市科协会议室为方德植从事数学教育工作50年举行庆祝大会,《厦门数学通讯》专门出版庆贺专辑。为表彰方先生的卓越贡献,许多知名数学家来电来函或寄来文章表示祝贺,例如美国宾夕法尼亚州立大学数学系的杨忠道,复旦大学的谷超豪、胡和生,以及陈景润等。苏步青先生还特地为方德植写了一首贺词:

筹算纵横五十年,
毕生事业一教鞭。
春风化雨君应乐,
桃李芬芳遍大千。

截至1984年底,全系教职工85人,其中专任教师73人,工勤及党政管理人员12人。

在专任教师中,教授5人:陈奕培、方德植、辜联昆、张鸣镛、钟同德;副教授8人:陈传淡、陈叔瑾、陈文忠、厉则治、林鸿庆、林叔荣、杨锡安、张克农;讲师37

人:蔡晖、蔡健、陈发强、陈鹄汀、陈景辉、董奢、冯树汉、高琪仁、龚显宗、郭坤甫、胡南桦、黄伙泉、黄秀莲、黄渊河、李轮焕、梁益兴、林大兴、林良裕、林亚瑛、林应标、刘双应、罗美琼、邱曙熙、王巧君、吴炯圻、肖必泉、谢德平、许清泉、许汝霖、杨照南、姚宗元、叶芳草、叶挺生、曾景秀、郑宝琚、郑耀辉、庄琼珊;助教23人:蔡丽娟、蔡忠俄、曹镇潮、陈耕、陈抗、陈昌明、陈超荣、董槐林、黄升、李志业、林鹭、林光荣、林江河、林寿康、刘侃、邱春福、杨世廒、叶悦、曾晓明、张振明、章晓、赵云鹤、郑鸣。

党政管理人员及工勤12人:蔡宝治、郝剑华、黄自力、李爱彬、李玉草、李再成、林雪娥、佘维山、吴世山、颜重庆、杨佳仅、郑奠。

四、推动建设　迈步前行（1985—1991）

1984年11月,学校按照干部"四化"原则调整各级领导班子。林鸿庆任系主任,董奢、陈叔瑾任系副主任;谢德平任党总支书记,佘维山任党总支副书记。1986年,陈叔瑾调任教务处副处长,许汝霖接任系副主任。1991年2月谢德平调任校工会主席(至1996年),佘维山接任党总支书记,1991年10月龚显宗任党总支副书记。办公室主任是吴世山。

1985年,副校长辜联昆当选学校重新成立的校务委员会副主任,兼任学校新成立的科学技术学院院长。1986年7月至1992年1月,辜联昆任副校长、学校第五届党委常委。1986年,辜联昆兼任学校教师职务评审委自然科学分委员会主任、各类专业技术职务任职资格评审委员会主任。1987年,辜联昆兼任教师职务聘委会主任、退休教职工管理委员会主任。

1985年至1991年间,数学系共引进教师21人,名单如下:

1985年:林勇、张洵、赵公允、陈志胜、黄约德、林亚先、苏育才。

1986年:蔡恒伍、戴伟忠、黄清波、周更强、赖善钟。

1987年:吴春章、叶向阳、张步城。

1988年:朱景辉、庄平辉、邱春晖。

1990年:黄荣坦。

1991年:卢琳璋、肖文俊。

1977年至1991年间，数学系共24名教职员工离退休或离岗（括号内未备注的均为正常退休），具体如下：

1984年：方勤（党总支书记、离休）。

1985年：黄水引、潘美霞（调往计统系）、郑奠（调往马列主义教研室）、杨汉钊（调往计统系）。

1986年：叶南发（调往漳州师范学院）、张鸣镛（去世）、张振明（调往厦门建设工程造价管理站）、章晓（辞职读研究生）。

1987年：方德植、陈传淡、洪乃端（调往计统系）、吴传霖（调往计统系）。

1988年：吴炯圻（调往漳州师范学院）、李志业（去世）。

1990年：陈奕培、颜重庆（离职出国）、林亚先（离职出国）、黄自力（调往厦大纪委）。

1991年：庄琼珊、郑宝琚、杨佳仪、罗美琼、陈景辉。

1986年，在全国第三批学位授权时，概率论与数理统计专业获硕士学位授予权，学术带头人是厉则治。1990年，在全国第四批学位授权申报时，计算数学专业获硕士学位授予权，学术带头人是陈传淡。

1985年，数学系增设应用数学本科专业。1988年1月，国家教育委员会发文，将"计算数学与应用软件"本科专业改名为"计算数学及其应用软件"专业。至此，数学系有3个本科专业，即数学、计算数学及其应用软件、应用数学。为适应国民经济发展的需要，进行多层次培养人才，1987年至2004年数学系分别招收数学专业函授专科班、应用数学专业（现代经济管理方向）函授专科班、信息管理与应用软件、会计电算化的专科（函授，脱产）和应用数学（现代经济管理）研究生课程进修班。

在这段时期，数学系意识到博士学位教师对提高师资队伍整体水平的重要性，于1990—1991年引进了卢琳璋博士与肖文俊博士。数学系还聘请了一批著名数学家作为兼职教授，指导学科建设和队伍建设。1987年3月，聘中国科学院数学研究所陆启铿院士为兼职教授；1987年6月，聘北京应用物理与计算数学研究所郭柏灵研究员为兼职教授；1987年8月，聘中国科学技术大学龚昇教授为兼职教授；1987年9月，聘加州大学伯克利分校陈省身教授为兼职教授；1991年3月，聘上海交通大学陈志华教授为兼职教授。

1985年，厉则治晋升教授；叶芳草、郑耀辉晋升副教授；董槐林晋升讲师。

1986年,陈发强、陈鹄汀、陈景辉、董奢、黄约德、李轮焕、王巧君晋升副教授;曹镇潮、蔡恒伍、蔡忠俄、陈志胜、林勇、林光荣、刘侃、杨世簌、叶悦、张洵、张振明、赵公允、郑鸣晋升讲师。1987年,陈传淡晋升教授;高琪仁、黄伙泉、梁益兴、吴炯圻、肖必泉、谢德平晋升副教授;蔡丽娟、陈昌明、黄自力、林亚先、吴春章、叶向阳、曾晓明晋升讲师。1988年,姚宗元、冯树汉、郭坤甫、叶挺生、曾景秀、郑宝琚晋升副教授;陈耕、戴伟忠、黄清波、李志业、林鹭、赖善钟、周更强、庄平辉晋升讲师。1990年,陈叔瑾、陈文忠、林鸿庆晋升教授;林良裕、刘双应、邱曙熙、许清泉、杨照南晋升副教授;黄荣坦、邱春晖、张步城、朱景辉晋升讲师。1991年,叶芳草晋升教授;龚显宗、胡南桦、罗美琼、杨世簌晋升副教授。

为提升人才培养水平,扩展学生的学识视野,数学系编印了《数学讨论》学术刊物,设有《数学史话》《论文习作》《数学译文》《读书心得体会》《问题征解》等栏目。第一期于1985年10月发行,张鸣镛先生和系主任林鸿庆为《数学讨论》创刊题词。自创刊起至1989年12月,《数学讨论》共编印11期。

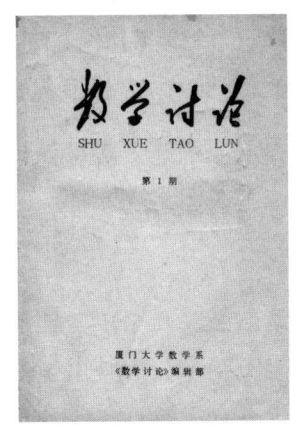

《数学讨论》

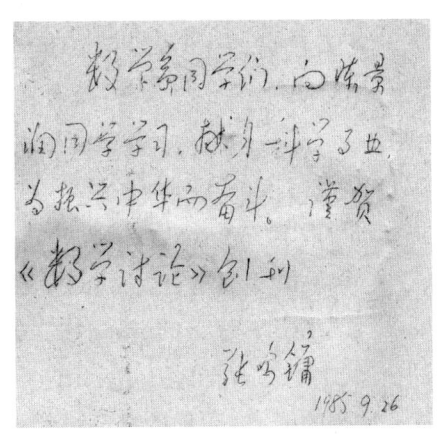

张鸣镛为《数学讨论》题词

1985年,苏步青院士、柯召院士给数学系1981级同学题词留言。1987—1992年,数学系先后派出王作成、阙兆先、王飙、严荣沐、陈久昌、陈铭、詹维娟、陈雄达8名研究生参加中国科学院数学研究所举办的夏令营。1989年,方德植的"大学基础数学(几何方向)的教材建设"项目获福建省教学成果二等奖。

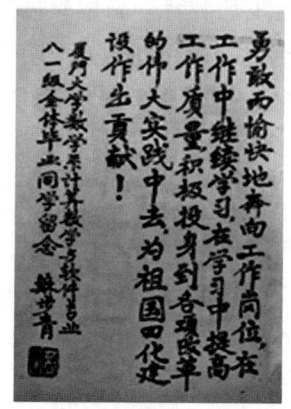 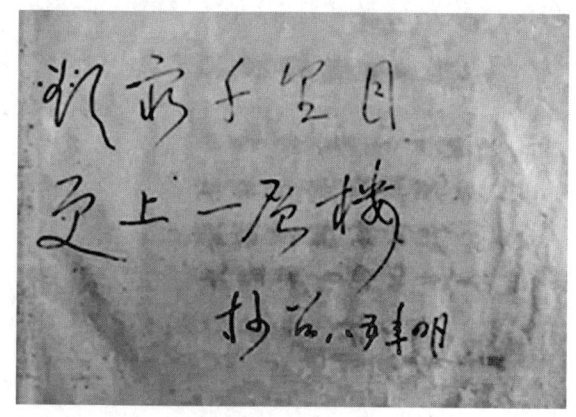

苏步青院士的题词　　　　　　　　柯召院士的题词

　　1985年到1991年,数学系教师共主持5个国家自然科学基金项目,主持人分别是钟同德、辜联昆、厉则治、林叔荣、陈奕培；主持17个福建省自然科学基金项目,主持人分别是陈叔瑾、郑耀辉、高琪仁、林鸿庆、陈奕培、陈文忠、叶芳草、杨锡安、陈传淡、黄伙泉、厉则治、庄琼珊、李轮焕、姚宗元等人。1985年,林叔荣与174医院合作的项目"脑中风预测"获南京军区科技成果奖；1986年,方德植获厦门大学首届南强奖一等奖；吴传霖、董槐林完成的项目"计算机辅助物资管理系统"获1986年厦门市科技进步表扬奖和1987年福建省软件推广应用先进项目；陈发强的项目"微电脑在电机型试验计算分析上的应用"获1986年厦门市科技进步表扬奖和1987年福建省优秀软件产品。

　　1986年,方德植等编著的《基础数学概要》(上)由福建省科学技术出版社出版,钟同德的《多复变函数的积分表示与多维奇异积分方程》由厦门大学出版社出版,辜联昆等的译著《具非负特征形式的二阶微分方程》由科学出版社出版。1987年,张鸣镛的《现代分析基础》由厦门大学出版社出版。1988年,张鸣镛的《位势论》由北京出版社出版,陈奕培的《几何基础》由厦门大学出版社出版。1989年,方德植等编著的《基础数学概要》(下)由福建省科学技术出版社出版,林鸿庆的《概率论》由厦门大学出版社出版,陈叔瑾的《多复变函数论:积分表示及其应用》由厦门大学出版社出版。1990年,厉则治的《实变与泛函》在厦门大学出版社出版,钟同德、黄沙的《多元复分析》在河北教育出版社出版。1985年至1991年,数学系教师共发表学术论文155篇。

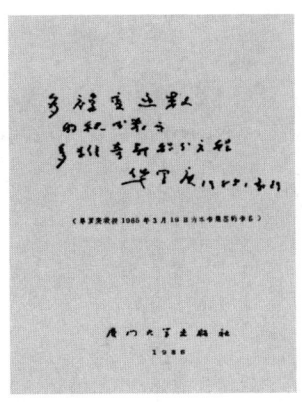

华罗庚为钟同德的《多复变函数的积分表示与多维奇异积分方程》题写书名

　　1985年12月,中国数学会50周年年会向在数学教学和研究中度过50个春秋的83位老一辈数学家颁发荣誉证书。方德植获此殊荣,是福建省唯一获此证书的数学家。1988年1月—1991年12月,陈叔瑾任中国数学会第五届委员。

　　1985年8月,辜联昆赴美国密歇根州立大学访问交流半年;1986年8月,厉则治参加在美国加州大学伯克利分校举行的第二十届国际数学家大会。在此期间,钟同德、陈文忠、陈叔瑾也赴美国、意大利等国参加学术会议,进行学术访问。1986年5月12日,张鸣镛因病逝世。张鸣镛的去世对于正处于发展阶段的厦门大学数学学科是一个重大的损失。美国数学会在1985年出版的 Contemporary Mathematics 第48期中,专文介绍了张鸣镛和他的学生的工作。1986年和1988年,厉则治解决了美国数学家Taylor、阿根廷数学家Samur提出的猜想,文章分别发表在《数学学报》《数学年刊》等当时国内的重要杂志上。

　　1987年6月,著名数学家、美国科学院院士、加州大学伯克利分校教授陈省身应邀来校讲学和学术访问。6月13日,陈省身教授在厦门大学题词"数学前途无限,数学家的前途亦无限"。

　　1990年7月,第三届青年计算数学学术会议在厦门召开,来自全国30多所高校及科研机构的80多名青年计算工作者参加会议,提交了70多篇学术报告。厦门电视台、厦门广播电台播发了会议报道。

　　1991年底,全院在职教职工95人,其中专任教师79人,教师以外的其他专业技术人员3人,党政管理人员13人。

1986年厉则治(前排中)、林振声(前排右)参加国际数学家大会

陈省身先生在厦门大学的寄语　　　　陈省身与方德植

在专任教师中,教授7人:陈叔瑾、陈文忠、辜联昆、厉则治、林鸿庆、叶芳草、钟同德;副教授29人:陈发强、陈鹄汀、董奢、冯树汉、高琪仁、龚显宗、郭坤甫、胡南桦、黄伙泉、黄约德、李轮焕、梁益兴、林良裕、林叔荣、刘双应、邱曙熙、王巧君、肖必泉、肖文俊、谢德平、许清泉、杨世廞、杨锡安、杨照南、姚宗元、叶挺生、曾景秀、张克农、郑耀辉;讲师38人:蔡恒伍、蔡晖、蔡健、蔡丽娟、蔡忠俄、曹镇潮、陈昌明、陈耕、戴伟忠、董槐林、黄清波、黄荣坦、黄秀莲、黄渊河、赖善钟、林大兴、林江河、林鹭、林勇、林光荣、林亚瑛、林应标、刘侃、卢琳璋、邱春晖、苏育才、吴春章、许汝霖、叶悦、叶向阳、曾晓明、张润、张步城、赵公允、郑鸣、周更强、朱景辉、

庄平辉；助理研究员 1 人：陈志胜；其他储备师资/教师 6 人：陈抗、陈超荣、黄升、林寿康、邱春福、赵云鹤。

教师以外的其他专业技术人员 3 人：郝剑华、姜小民、孙晓静。

党政管理人员及工勤 13 人：蔡宝治、蔡惠美、蔡霓虹、陈吕萍、陈文静、李新林、李再成、林雪娥、佘维山、王坚勇、吴泱、吴世山、肖及美。

截至 1991 年底，全院离退休教职工 12 人：陈传淡、陈景辉、陈庆仁、陈奕培、方勤、方德植、方郁涛、黄水引、罗美琼、杨佳仅、郑宝琚、庄琼珊。

五、稳步发展　逐渐提升（1992—1995）

1991 年 11 月，数学系行政班子换届，陈文忠任系主任，许汝霖（至 1993 年）、胡南桦任系副主任。当时，党总支书记为佘维山，副书记为龚显宗，办公室主任是吴世山。1993 年，梁益兴任系副主任。1994 年，成立数学研究所，陈文忠兼任所长。1995 年，陈叔瑾任教务处副处长，1995—1998 年任研究生院培养处副处长。

1992 年 1 月，谢德平任学校第六届党委委员。1993 年，辜联昆退休后担任新成立的厦门市老教授协会首任会长，1998 年起任名誉会长。

1992—1995 年，数学系引进 5 名教师，名单如下：

1992 年：谭忠。

1993 年：许传炬。

1994 年：张福基（教授）、郭铁信、林亚南。

1993 年，林光荣转为实验室工程师。林玉闽从福建农林大学调入（实验室，2000 年转入教学系列）。1994 年，刘青从新疆大学调入（编辑），林盛铨入职（辅导员）。1995 年，王坚勇由辅导员转为教学系列人员。

在此期间，数学系共 42 名教职员工离岗或退休（括号内未备注的均为正常退休）：

1992 年：陈耕（辞职）、陈吕萍（调往档案室）、赵云鹤（辞职）、张洵（辞职）、吴春章（辞职）、厉则治、李新林（离职）、陈志胜（离职）。

1993 年：叶芳草、辜联昆、钟同德、杨锡安、黄伙泉、林江河（调往会计系，

1998年回数学系)。

1994年：董奢、曾景秀、林鸿庆、蔡霓虹(教学秘书，调往继续教育学院)、蔡惠美(终止合同)、蔡恒伍(辞职出国)、陈抗(辞职出国)、陈超荣(辞职出国)、黄升(辞职出国)、林寿康(辞职出国)、邱春福(辞职出国)、叶悦(辞职出国)、郑鸣(辞职出国)、刘侃(辞职出国)、林勇(辞职出国)、赵公允(公派留学，学成后在新加坡国立大学任教)、陈文静(辞职出国)、戴伟忠(辞职出国)、周更强(辞职出国)、赖善钟(辞职出国)、苏育才(公派留学，学成后在上海交通大学任教)、黄清波(辞职出国)。

1995年：叶向阳(自动离职)、黄秀莲、黄约德、王巧君、蔡宝治(工勤)、张克农。

人才培养方面。20世纪90年代初，数学系三个本科专业(数学、计算数学及其应用软件、应用数学)学分为163~167学分。1995年修订本科教学计划，三个专业学分要求均压缩到150学分。1993年，厦门大学教务处公布厦门大学优秀主干课程名单，数学系的"数学分析"和"解析几何"入选。1993年，"数学分析"入选学校优秀课程。1994年，"概率论"和"常微分方程及其数值解法"入选学校优秀课程。1995年，"高等代数"入选学校优秀课程。1995年，林叔荣的《实用统计决策与Bayes分析》获国家教委优秀教材二等奖。1992年至1995年，数学系共招收本科生236人。在研究生培养方面，拥有基础数学、概率论与数理统计、运筹学与控制论3个硕士专业，1992—1995年共有34名硕士研究生获得硕士学位。

科学研究方面。1992—1995年，获得国家自然科学基金资助6项，主持人分别是曹镇潮、陈文忠、肖文俊、许传炬、钟同德、郭铁信；19个项目获福建省自然科学基金资助。1992—1996年，卢琳璋参加国家科委数学攀登计划项目"大规模科学与工程计算方法和理论"的青年子课题。1992年，陈鹄汀、卢琳璋等人还承担东山县规划、龙岩财政规划及预测、永安火电厂YAMIS可行性研究及运动实时信息等科技开发研究课题。1992—1995年，数学系教师共发表科研论文179篇。1990年，厉则治的《实变与泛函》由厦门大学出版社出版，入选"厦门大学南强丛书"。1993年，陈传淡的《双曲型套网络差分逼近及其稳定性》由厦门大学出版社出版。1994年，蔡晖的《常微分方程及其数值解法》由厦门大学出版社出版。1995年，辜联昆的《二阶抛物型偏微分方程》由厦门大学出版社出版。

1994年,李轮焕获评福建省科协系统先进工作者。

1991年,数学系聘请华南理工大学洪毅教授为兼职教授,续聘郭柏灵、周毓麟、陆启铿、陈志华为兼职教授。1992年,陈奕培、辜联昆、钟同德获国务院政府特殊津贴。在1994年前后,蔡恒伍、黄清波、陈抗、陈超荣、黄升、林寿康、邱春福、叶悦、郑鸣、刘侃、林勇、赵公允、陈文静、戴伟忠、周更强、赖善钟、苏育才17名教师以"不保留公职"的形式离职,出国留学。根据可查询的资料,上述人员中,陈抗后来从事经济学领域的研究工作,于1999年担任新加坡南洋理工大学经济系主任;邱春福于1993年获得美国普渡大学博士学位;林寿康曾担任中金公司总经理;戴伟忠于1994年取得美国艾奥瓦大学博士学位,现在路易斯安那理工大学任教;黄清波于1998年取得美国天普大学博士学位,现在莱特州立大学任教。

引进人才方面,20世纪90年代开始引进博士毕业生,他们后来都成为教学科研骨干或学科带头人。至1995年,数学系共6名具有博士学位的青年教师:卢琳璋、肖文俊、许传炬、谭忠、郭铁信、林亚南。1994年,数学系从新疆大学引进张福基①教授,他是数学系的第一位博士生导师。

1995年底,全院在职教职工63人,其中教师50人。

在专任教师中,教授9人:陈叔瑾、陈文忠、李轮焕、林叔荣、卢琳璋、肖文俊、姚宗元、张福基、郑耀辉;副教授31人:蔡健、蔡丽娟、蔡忠俄、曹镇潮、陈发强、陈鹄汀、董槐林、冯树汉、高琪仁、龚显宗、郭珅甫、郭铁信、胡南桦、梁益兴、林大兴、林良裕、林亚南、林应标、刘双应、邱春晖、邱曙熙、谭忠、肖必泉、谢德平、许传炬、许清泉、许汝霖、杨世蔽、杨照南、叶挺生、曾晓明;讲师10人:蔡晖、陈昌明、黄荣坦、黄渊河、林鹭、林亚瑛、张步城、朱景辉、庄平辉、王坚勇。

教师以外的其他专业技术人员6人:郝剑华、姜小民、林光荣、林玉闽、刘青、

---

① 张福基(1936—),男,四川成都人。1962年毕业于北京师范大学,1981—1994年在新疆大学工作,1985年被评为教授,1991年以四川大学兼职教授被国务院学位委员会评为博士生导师,首届国际数学化学科学院院士,入选《中国现代数学家传》。曾任新疆大学数学系主任(1984—1988)、副校长(1988—1992),曾任中国数学会第五、六届理事,中国图论研究会副理事长,新疆数学会理事长。被评为国家"有突出贡献中青年专家"、全国教育系统劳动模范、全国高校先进科技工作者。主要从事组合数学、图论和数学化学等研究工作,曾获新疆维吾尔自治区科技进步奖二等奖、国家教委科技进步奖二等奖等。

孙晓静。

党政管理人员及工勤 7 人：佘维山、肖及美、李再成、林盛铨、林雪娥、吴泱、吴世山。

截至 1995 年底，全院离退休教职工 23 人：蔡宝治、陈传淡、陈景辉、陈庆仁、陈奕培、董奢、方德植、方勤、辜联昆、黄伙泉、黄秀莲、黄约德、林鸿庆、罗美琼、王巧君、杨佳仅、杨锡安、叶芳草、曾景秀、张克农、郑宝琚、钟同德、庄琼珊。

六、走出低谷　迈向新元（1996—2000）

1996 年 1 月，数学系行政班子换届，梁益兴任系主任，林亚南、董槐林任副主任。时任数学系党总支书记的是佘维山，副书记是龚显宗。1996 年 10 月，党总支换届，佘维山续任书记，黄渊河任党总支副书记。系办公室主任是吴世山（至 1997 年）。2000 年 6 月，卢琳璋挂职学校科技处副处长（至 2002 年 6 月）。

1996—2000 年，数学系共引进教师 16 人，名单如下：

1997 年：程金发、赵俊宁（教授）、曾吉文、李时银（副教授）、严荣沐。

1998 年：程立新（教授）、陈新香、钱建国、谭绍滨（副教授）。

1999 年：戴跃进（副教授）。

2000 年：李锦堂。

1998 年，学校决定公共课程任课教师归口管理，林群（教授）、林江河、潘建康、宣飞红、邹恒富由经济学院和管理学院调入数学系。

行政人员入职方面，李小梅（教学秘书）入职，许莉（辅导员）入职；2000 年，郑丽萍（教学秘书）入职。

1996 年至 2000 年期间，数学系共 27 名教职员工退休或离职（括号内未备注的均为正常退休），名单如下：

1996 年：冯树汉、郭坤甫、林叔荣、孙晓静（调往政法学院）、谢德平；

1997 年：陈发强、陈文忠、李轮焕、吴世山、许汝霖；

1998 年：蔡晖、林亚瑛、林应标、杨照南、叶挺生、郑耀辉；

1999 年：蔡健、陈鹄汀、陈叔瑾、胡南桦、刘双应、朱景辉（辞职出国）；

2000 年：郝剑华、李小梅（辞职）、梁益兴、佘维山、许莉（辞职）。

在这一时期,数学系提出"走出低谷,再创辉煌"的奋斗目标,凝聚共识,同心协力,千方百计引进人才,加强学科建设。1996 年 4 月,厦门大学聘任中国科学院林群院士为厦门大学数学研究所所长;1997 年 9 月,聘任四川大学刘应明院士为数学系兼职教授;1997 年 11 月,聘任北京大学姜伯驹院士为数学系兼职教授。

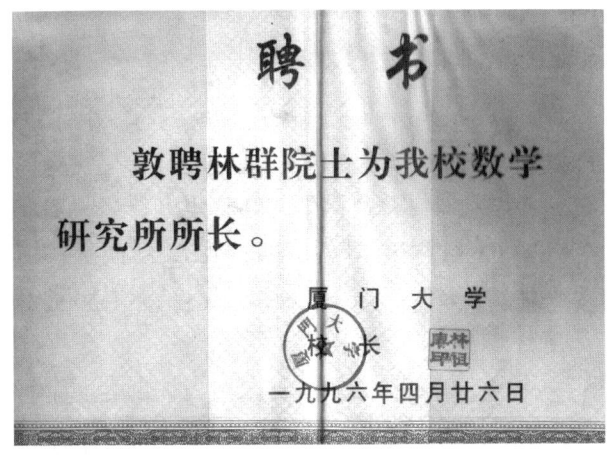

聘任林群院士为数学研究所所长的聘书

1997 年 11 月,敦聘姜伯驹院士为厦门大学兼职教授,林祖庚校长颁发聘书

(右一为数学系主任梁益兴)

自 1995 年起,数学系十分重视引进人才的质量。卢琳璋、肖文俊、许传炬、谭忠、郭铁信、林亚南、程金发、赵俊宁、曾吉文、严荣沐、程立新、谭绍滨、李锦堂

等均具有博士学位,其中许传炬在法国取得博士学位,林亚南在德国取得博士学位,谭绍滨在加拿大取得博士学位。青年人才的加盟,提升了数学系的学科实力,在图论、微分方程、代数学等领域有了新的增长点。特别是1994年从新疆大学引进的张福基教授和1997年从吉林大学引进的赵俊宁①教授都是国务院批准的博士生导师,已分别在四川大学和吉林大学培养多名博士研究生,这对后来厦门大学申请基础数学博士授予权至关重要。

1998年6月,厦门大学基础数学获得博士学位授予权,实现了厦大数学人多年的夙愿,标志着厦门大学数学学科开始逐渐走出低谷,为以后更好更快发展奠定了基础。1999年,数学系首次招收2名博士研究生:滕岩梅、曾晓明,导师分别是程立新、赵俊宁。滕岩梅、曾晓明于2002年6月顺利毕业并取得博士学位。2000年招收6名博士研究生:杜妮、欧建平、邱春晖、阮颖彬、晏卫根、钟春平,导师分别为程立新、肖文俊、姚宗元、张福基。1996—2000年期间,共有29名学生取得硕士学位。

1998年7月,教育部修订颁布《普通高等学校本科专业目录》,明确数学类设立两个本科专业:数学与应用数学和信息与计算科学。1997年,数学系的"数值代数""实变函数论""偏微分方程"3门课程入选厦门大学优秀课程。1994—1999年,数学系教师出版了一批教材:蔡晖的《常微分方程及其数值解法》(厦门大学出版社)、陈奕培的《一般拓扑学》(厦门大学出版社)、方德植和梁益兴的《整体微分几何》(厦门大学出版社)、陈昌明的《数值分析》(高等教育出版社)、邱曙熹的《Riemann曲面及其上的位势理论》(厦门大学出版社)、陈奕培的《代数拓扑学引论》(厦门大学出版社),以及署名编写组编著的《高等数学(文科)》(厦门大学出版社)。

1996—2000年期间,数学系共主持国家自然科学基金项目16项,项目负责人分别是张福基(2项)、赵俊宁(2项)、林群(2项)、姚宗元、曹镇潮、林亚南(3项)、许传炬、卢琳璋、曾晓明、谭绍滨、程立新;同期,主持福建省自然科学基金项

---

① 赵俊宁(1945-01—),男,吉林省吉林市人,1985年获吉林大学理学博士学位,同年被评为吉林大学副教授,1992年晋升教授,1993年被国务院学位委员会评为博士生导师。1998年作为第一完成人(完成单位:吉林大学)的"拟线性退化抛物方程的若干问题"获教育部科技奖一等奖,1986年获国家教委科技进步奖二等奖,1987年获国家自然科学奖三等奖(主要参加者)。1987年《非线性扩散方程》获全国优秀科技图书二等奖。

目16个。在此期间,数学系教师共发表高水平研究论文235篇。1996年,林叔荣获国务院政府特殊津贴。1996年,肖文俊主持完成的项目"有限群理论中的几个问题"获国家教委科技进步奖三等奖。

1997年,数学系成立"厦门大学华都伦峰数学基金",由系主任梁益兴任秘书长,当年到位经费10万元人民币,为开展学术交流、大力引进人才提供经费上的支持。

1997年10月,全国高校数学教学改革研究项目会议在厦门大学举行,潘世墨副校长出席开幕式并讲话。10月底,全国高校数学专业教学指导委员会会议在厦门大学举行,林祖赓校长出席开幕式并讲话。会议期间,数学系利用晚上的时间,邀请与会的专家学者为数学系师生做学术讲座,指导学科建设。

1997年10月,全国高校"数学教学改革研究"项目会议合影
(前排:左一杨斌,左三刘应明院士,左四严世健,左五潘世墨副校长,左六姜伯驹院士,左七李荣华,左八刘绍学,左九黄艾香,左十顾沛;第二排:左一董槐林,左五陈叔平,左六辛周平,左七张福基,左八陈文忠,左九吴炯圻,左十卢琳璋,左十一樊恽;第三排:左一梁益兴,左五赵俊宁)

2000年5月,数学系承办了国家自然科学基金委员会第三届数学天元基金学术领导小组第二次会议,校长陈传鸿教授出席了开幕式并致辞。

国家自然科学基金委员会第三届数学天元基金学术领导小组第二次会议合影
（前排左起：雷天刚、梁益兴、徐忠勤、丁伟岳院士、马志明院士、张恭庆院士、刘应明院士、陈传鸿校长、周青；后排左二余维山，左四起：徐中玲、张福基、严士健、陈天权、彭实戈、吴泉水、王宝富）

2000年，系友中山大学的印林生①教授和中国科学院的王友德②研究员获得国家杰出青年科学基金资助。

1996年3月19日，杰出校友陈景润院士在北京逝世。3月29日，林亚南代表厦门大学和数学系前往八宝山革命公墓为陈景润先生送行。陈景润逝世后，厦门大学、数学系、数学研究所发唁电表示哀悼，学校及数学系组织开展了一系列悼念活动。3月24日，数学系在三家村（厦门大学芙蓉四前的区域）宣传橱窗

---

① 印林生，男，1963年出生于湖北省仙桃县。教授，博士生导师。1984年在厦门大学数学系本科毕业，1996年在日本东京大学获得博士学位，2000年在中山大学获得国家杰出青年科学基金项目资助。2000—2001年德国萨尔大学洪堡访问学者，2001年到清华大学任教。从事算术几何，尤其在函数域与椭圆模的算术理论方面做出重要的学术贡献。2015年7月因病去世。

② 王友德，男，1965年出生，博士，教授，博士生导师。1985年在厦门大学数学系本科毕业，2000年获得国家基金委杰出青年科学基金资助，2004年入选国家"百千万工程"。在调和映射、几何流及其相关问题上进行了长期的研究，取得了系列重要学术成果。

开辟专栏"数学精神——永远怀念系友、伟大的数学家陈景润";3月29日,学校及数学系举行"悼念陈景润,学习陈景润"座谈会,常务副校长郑学檬、校友总会理事长陈孔立,数学系老教师方德植、李文清、陈奕培、杨锡安,系主任梁益兴和师生代表参加了座谈会。4月3日,数学系召开学生学习陈景润座谈会,杨锡安、郑耀辉等受邀参加。

1997年3月,在陈景润逝世一周年纪念之际,数学系也组织了一系列活动。3月14日,《光明日报》刊登《陈景润在厦门大学数学系》;3月15日,与《厦门大学报》合编纪念陈景润的专栏;3月17日,在数学馆(南光一)二楼资料室和三家村举行纪念陈景润图片、成果、资料陈列展览;3月18日,联合厦门大学出版社举行纪念陈景润逝世一周年座谈会暨厦门大学出版社出版的《走进陈景润》首发式。

《光明日报》刊登《陈景润在厦门大学数学系》

方德植教授在陈景润逝世一周年座谈会上发言

2000年底,全院在职教职工56人,其中专任教师45人。

在专任教师中,教授13人:程立新、郭铁信、林群、林良裕、林亚南、卢琳璋、谭绍滨、肖文俊、许传炬、姚宗元、曾晓明、张福基、赵俊宁;副教授25人:蔡丽娟、蔡忠俄、曹镇潮、陈昌明、程金发、戴跃进、董槐林、高琪仁、龚显宗、黄荣坦、黄渊河、李时银、林鹭、林大兴、钱建国、邱春晖、邱曙熙、谭忠、肖必泉、许清泉、严荣沐、杨世镦、曾吉文、庄平辉、邹恒富;讲师7人:陈新香、李锦堂、林江河、潘建康、王坚勇、宣飞红、张步城。

其他专业技术人员5人:姜小民、林光荣、林玉闽、刘青、赵帅。

党政管理人员7人:佘维山、李再成、林盛铨、林雪娥、邵志荣、肖及美、郑丽萍。

截至2000年底,全院离退休教职工45人:蔡宝治、蔡晖、蔡健、陈传淡、陈发强、陈鹄汀、陈景辉、陈庆仁、陈叔瑾、陈文忠、陈奕培、董奢、方勤、冯树汉、辜联昆、郭坤甫、郝剑华、胡南桦、黄伙泉、黄秀莲、黄约德、李轮焕、梁益兴、林鸿庆、林叔荣、林亚瑛、林应标、刘双应、罗美琼、佘维山、王巧君、吴世山、谢德平、许汝霖、杨佳仪、杨锡安、杨照南、叶芳草、叶挺生、曾景秀、张克农、郑宝琚、郑耀辉、钟同德、庄琼珊。

七、阔步前进　由系改院(2001—2007)

2001年,学校调任林建德担任数学系党总支书记,佘维山不再担任系党总支书记;党总支副书记是黄渊河。2001年6月,数学系行政班子换届,赵俊宁任主任,林亚南、董槐林、程立新任副主任。2002年3月,学校任命谭绍滨为数学系副主任,董槐林调任新成立的厦门大学软件学院副院长。2002年,学校调任梁卫中担任数学系党总支书记,林建德调任人文学院党委书记。

2003年11月,学校决定成立数学科学学院。2003年12月,学校任命学院首届行政领导班子,赵俊宁任院长,林亚南、程立新、谭绍滨任副院长。2004年4月,成立数学科学学院党委,梁卫中任党委书记,黄渊河、谭忠任党委副书记。2005年3月,林亚南调任学校研究生院副院长兼培养与管理办公室主任。2005年4月,许肖华调任学院党委副书记。

2004年,钱建国任数学与应用数学系副主任,卢琳璋任信息与计算数学系主任,刘发旺任信息与计算数学系副主任。2006年5月,邱春晖任数学与应用数学系主任。2001年8月,吕春燕从内蒙古第一机械制造集团调来学院担任秘书并负责办公室工作。2003年1月,吕春燕任系办公室主任。2005年10月,曾晓慧从生命科学学院调来学院,负责办公室工作,吕春燕调任艺术学院秘书。

2001年至2007年,学院共引进教师44人,名单如下:

2002年:刘继春、张中新、刘青霞、李庆霞、林建希、林建华、郭晓峰(教授)、刘发旺(教授)、陈吕萍(从学校档案馆调入)。

2003年:林建华(教授)、王海斌、陈桂芝、伍火熊、钟春平、杜妮、张文、董天、叶从峰、刘莉芳、张朝文。

2004年:林涛、陈东阳、金贤安、张剑文、张志强、李渝澜(从学校成教院调入)。

2005年:白朝芳、刘卫平、吕楣、白正简、刘胜强、刘轼波、杨旻、张莲珠(教授)、肖红英、刘枫。

2006年:薛学梅、杜拴平。

2007年:祝辉林、宋宇萍、容志建、徐新英、蔡国财、程庆进。

在行政人员方面,2001年,陈怀锋(辅导员)入职;2002年,苏森福(实验工程技术人员)、林煜(实验工程技术人员)入职;2003年杨莉(秘书)入职;2004年3月学生工作处就业指导科副科长黄兆君调来学院任团委书记,吴杏梅从离退休处调任学院党务秘书,丁彧(秘书)入职;2005年,林智雄(秘书)入职;2006年,高春玲(秘书)、胡亚莉(秘书)入职;2007年,陈向柳(辅导员)入职。

2001—2007年期间,离职或退休的教职员工(没有括号备注的均为退休人员),包括:

2001年:高琪仁、许清泉、龚显宗、肖及美(秘书)、姚宗元、李竞(辞职)。

2002年:姜小民(调往图书馆)、林大兴、邹恒富、肖必泉。

2003年:林良裕、肖文俊(调往华南理工大学计算机系)、林盛铨(调往漳州校区,任囊萤园区团委书记)、杨莉(秘书,辞职)。

2004年:董天(调往吉林大学)、张步城(调往中华女子学院)。

2005年:邱曙熙、郭晓峰、林江河、林雪娥(工勤)、吕春燕(调往艺术学院任秘书)、刘发旺(离职前往澳大利亚昆士兰大学)、刘莉芳(调往中山大学珠海校区)、张朝文(调往中国矿业大学)。

2006年:曹镇潮、蔡忠俄、杨世廞、张福基、李再成、郭铁信(调往北京航空航天大学)、杨旻(调往烟台大学)、陈怀峰(调任学校团委秘书)、丁彧(秘书,调任学校规划办秘书)、肖红英(调往三峡大学)。

2007年:刘枫(调往苏州大学)、刘胜强(调往哈尔滨工业大学)、李庆霞(调往厦门大学经济学院)。

2001年至2007年,学院在学科建设与发展方面大踏步前进。学院着力学科建设,制定学科发展和建设规划及二十年发展战略规划,提高学科的整体素质和研究水平,重点建设"偏微分方程及其数值计算"和"离散、连续、随机结构的对称性与优化"两个研究群体。

为筹建概率论与数理统计本科专业和概率论与数理统计系,2001年11月学院委托谭忠筹办成立了"厦门大学精算学研究中心",主要研究方向包括风险管理与精算、定价理论、金融市场微观结构等,主要研究内容包括应用效用函数研究定价理论、应用数学建模研究金融市场微观结构。2002年起,依托精算学研究中心举办"中国精算考前培训班"和"精算与风险工程"研究生课程班,培养了一批精算方向的硕士研究生,有近20名学生获得中国(准)精算师证书。

2002年12月3日,陈传鸿校长、朱崇实副校长、研究生院吴辉煌常务副院长、规划办叶世满主任来数学系调研,听取学科建设工作汇报,决定划拨150万元的学科建设和队伍建设经费,这是数学学科首次获得学校的学科建设专项经费。

2003年9月,厦门大学获批全国第九批数学一级学科博士学位授予权,同批获得数学一级学科博士学位授予权的还有上海交通大学、西安交通大学、大连理工大学和苏州大学,厦门大学同批获一级学科博士授予权的还有环境科学与工程、物理学。申请博士一级学科的带头人是赵俊宁,主要研究方向和带头人分别是,偏微分方程:赵俊宁、谭忠;泛函分析:程立新、郭铁信;组合图论:张福基、郭晓峰;代数:谭绍滨、林亚南;计算数学:卢琳璋、许传炬、刘发旺、曾晓明。2003年10月,数学博士后科研流动站获批。首名博士后是陈东阳,毕业于南开大学,博士后合作导师是程立新教授。之后,学校下拨一级学科建设经费100万元。

主要研究方向和带头人(1)

(左起:谭忠、赵俊宁、程立新、郭铁信)

主要研究方向和带头人(2)

(左起:林亚南、谭绍滨、张福基、郭晓峰)

主要研究方向和带头人(3)
（左起：刘发旺、许传炬、曾晓明）（卢琳璋在国外，缺席）

数学科学学院成立揭牌仪式合影
（前排左起：佘维山、林鸿庆、钟同德、吴世农、李大潜、陈叔平、赵俊宁、潘家庆；后排左起：黄渊河、陈传淡、张福基、梁益兴、谭绍滨、程立新、梁卫中、林亚南）

2003年11月7日，学校决定成立数学科学学院，并公布党政领导岗位设置、机构设置。2003年12月5日，举行厦门大学数学科学学院成立揭牌仪式，仪式由数学科学学院党总支书记梁卫中主持，厦门大学副校长吴世农致辞，中国科学院院士李大潜和吴世农副校长共同为数学科学学院揭牌。数学科学学院的成立标志着厦门大学数学学科建设踏上了新征程。

加快队伍建设。在严重缺编的情况下，积极引进人才，缓解教学压力；减少部分教师教学工作量，鼓励专注科研，争取出重要科研成果；奖励高水平的学术论文；鼓励部分青年教师攻读博士学位，提升学术水平；聘请校外著名专家退休后来学校兼职，指导和培养青年教师和研究生；提高博士生导师的任职条件及博士生授予学位的条件。

2001年，谭忠、曹镇潮晋升教授。2002年，曾吉文、杨世娥晋升教授；李锦堂晋升副教授。2003年，邱曙熙、邱春晖晋升教授；张步城、林玉闽、张中新晋升副教授；陈吕萍晋升讲师。2005年，钱建国晋升教授。2006年，伍火熊、严荣沐晋升教授；钟春平、陈吕萍晋升副教授；叶从峰、刘青霞晋升讲师。2007年，程金发晋升教授；杜妮、杜拴平、金贤安晋升副教授；张文晋升讲师。

聘请外校退休教师来校兼职，指导青年教师和培养研究生，包括北京大学程士宏教授（2003年9月至2004年底）、北京大学应隆安教授（2004年9月至2007年8月）、吉林大学王俊禹教授（2002年2月至2007年1月）。2002年6月，聘任沈捷、陈敏为兼职教授。鼓励和支持13名青年教师攻读在职博士学位，包括曾晓明、邱春晖、陈吕萍、林鹭、王坚勇、林玉闽、刘青霞、林建希、陈新香、薛学梅、叶从峰、庄平辉、张文。

2002年，程立新入选教育部"跨世纪优秀人才支持计划"；林亚南入选福建省"百千万人才工程"；2003年，谭绍滨入选厦门市第四批专业技术拔尖人才，林亚南获福建省高等学校"教学名师奖"；2004年，赵俊宁入选教育部科技委员会数理学部委员，许传炬入选教育部"新世纪优秀人才支持计划"。

重视科学研究。2001—2007年期间，学院教师获批各类科研项目65项，经费共计523.8万元，其中，国家自然科学基金重点项目1项，面上项目26项，青年项目、天元项目等其他项目24项。2001年，赵俊宁主持的项目"非线性偏微分方程"获批国家自然科学基金重点项目，这是学院教师主持的第一个国家自然科学基金重点项目。2001—2007年，全院共发表高水平研究论文253篇。2001年，林亚南申报的项目"Hammock的分解和Nazarova-Roiter、Zavadskij算法"、郭铁信申报的项目"随机度量理论及其应用"获得福建省科技进步奖二等奖。2002年，程立新申报的项目"无穷维空间分析学及其应用"获福建省科学技术奖二等奖；曾吉文申报的项目"Alperin猜想、块不变量与Cartan矩阵的应用"、卢琳璋申报的项目"两类代数 Riccati 方程的数值解法"、曾晓明申报的项目"算子逼近中的概率论方法和概率型算子逼近"（成员：陈文忠、赵俊宁）获三等奖。2003 年，许传炬申报的项目"不可压缩流体的高精度数值模拟"获福建省科学技术奖二等奖，林群申报的项目"宽曲线与面及其拟合方法"获三等奖。2005 年，刘发旺申报的项目"偏微分方程及其应用"获福建省科学技术奖三等奖。

重视人才培养。在本科教学方面，强调"厚基础、宽口径、适应性强、培养复合型人才"的培养目标，既要培养具有良好数学基础的科研拔尖人才，又要培养能够利用所学数学知识直接服务于国民经济的应用型人才；强调厦门大学数学科学学院应具有一流的教学、一流的科研、一流的人才，要形成本科、硕士、博士、博士后流动站多层次数学人才培养体系，坚持专业教育与素质教育相统一。为此，学院及时修订教学计划，并规定专业基础课程和公共数学课程要实现"统一教学大纲、统一教学要求、统一组织考核、统一阅卷评分"，坚持每学期开展教学秩序检查、课堂教学质量检查与测评。加强公共数学教学，组建公共基础课程教学小组，指定教学小组负责人；修订公共数学课程大纲，从 2002 年开始组织启动新一轮教学计划修订工作，凡列入教学计划的课程，重新制定或者修订教学大纲、教学要求和进度、课程简介等。加强教材管理，2004 年制定出台《本科教材选用暂行规定》，对春、秋季教材供应和预定计划进行检查。2004 年，学院组织全校学生数学竞赛，分为专业组、理工组、经管组，2006 年参加第三届竞赛的人数达 926 人，之后数学竞赛命名为厦门大学景润杯数学竞赛。2005—2006 学年，学院承担了 222 门数学课程的教学。根据学生网上对授课教师的测评结果，测评分数在 90 分以上 174 门，占总课程量的 78.38%；测评分数在 80 分以下的只有 2 门。2003 年，林亚南的"高等代数"课程被评为福建省精品课程，并自当年起发起和组织"福建省'高等代数''线性代数'课程建设研讨会"，至 2019 年已经召开了 21 届。2005 年，谭忠申报的项目"数学建模与大学生素质教育"获福建省教学成果奖二等奖（项目组成员：钱建国、李时银、谭绍滨、董槐林）。2007 年 10 月，林亚南牵头的代数学教学团队入选福建省优秀教学团队（团队成员：谭绍滨、曾吉文、林鹭、杜妮）。2007 年 11 月，谭绍滨主持的"厦门大学创新复合型数学人才培养模式创新实验区"项目入选福建省级人才培养模式创新实验区名单。2007 年 11 月，林亚南主持的"高等代数"课程入选国家级精品课程（课程组成员：林鹭、杜妮）。2007 年 12 月，数学与应用数学专业入选全国高等院校一类特色专业。

2003年,在全国大学生数学建模竞赛中,由谭忠指导,数学系邹宇庭、自动化系郑晓练、物理系缪旭辉3名同学组成的小组以数学模型"SARS的传播"在全国637所参赛高校的5406个参赛队伍中脱颖而出,夺得本次大赛本科组唯一最高奖——"高教社杯奖"。这是全国大学数学建模竞赛第一次由综合性大学获此殊荣(之前都为理工类大学获得)。为此,学校奖励厦门大学数学建模创新实验室建设专项经费50万元。2003年12月6日上午,2003年高教社杯全国大学生数学建模竞赛颁奖大会在厦门大学建南大礼堂举行。

2003年全国大学生数学建模竞赛颁奖大会

全国大学生数学建模竞赛"高教社杯"

研究生教育改革同步进行。重新修订硕士和博士生的培养方案,统一了数学各专业硕士的学位课程,规定各专业的必修学位课程和选修课程;对博士学位论文提出了更高的要求。2003年,申报的高校在职人员攻读硕士学位研究生班获教育部批准,同年录取学生27人。2004年,曾晓明的博士学位论文《概率型算子逼近特征的研究和一类拟线性退化椭圆方程的边值问题》获全国优秀博士学位论文提名奖,导师是赵俊宁。2001—2007年,共有70名博士研究生通过博士论文答辩,获得博士学位,博士生导师为程立新、郭晓峰、林亚南、卢琳璋、刘发旺、谭忠、谭绍滨、肖文俊、许传炬、姚宗元、曾晓明、张福基、赵俊宁;3人获得福建省优秀博士学位论文一等奖,3人获得福建省优秀博士学位论文二等奖;共有283名硕士研究生(包括在职研究生班)通过论文答辩,获得硕士学位。

2001—2007年,数学科学学院的教师出版了一批教材和专著,分别是:卢琳璋的《线性代数》(科学出版社),李时银的《期权定价和组合选择:金融数学和金融工程的核心》(厦门大学出版社),邱曙熙的《现代分析引论》(厦门大学出版社),辜联昆的《二次抛物型偏微分方程》(修订本)(厦门大学出版社),林玉闽与许传炬的《概率统计应用基础》(高等教育出版社),宣飞红的《线性代数》(厦门大学出版社),邱曙熙等的《实变与泛函学习指导》(厦门大学出版社),林建华、庄平辉与林应标的《高等数学精品课堂》(厦门大学出版社),陈桂芝参编的《计算机数值方法》(第2版)(高等教育出版社)。

重视学术交流。学院积极邀请国内外的知名学者来厦访问讲学,承办各种层次的学术会议,鼓励教师参加国内学术会议及出国出境访问交流,以提高科研水平,扩大学术影响力。2001—2007年,学院邀请李大潜院士、姜伯驹院士、刘应明院士、林群院士、郭柏灵院士、万哲先院士、陈木法院士、张恭庆院士、洪家兴院士、张伟平院士来校指导和讲学。2002年6月,学院邀请菲尔兹奖得主、著名数学家、美国哈佛大学丘成桐教授来校指导,并为师生做南强学术讲座。2006年10月,第十届全国代数学术会议在厦门召开。来自国内外124所高校和科研单位的473位代表参加了本次学术盛会,其中教师198人,研究生275人。会议共安排9个大会报告,146个分组报告。谭绍滨是会议组织委员会主席。厦门大学副校长张颖、福建省教育厅副厅长薛卫民、厦门大学数学科学学院院长赵俊宁、中国科学院万哲先院士、大会程序委员会主席席南华研究员分别在开幕式上致辞。从2001年至2005年,学院共举办6次国际学术会议,邀请35人次的国外专家前来讲学。

2002年6月,丘成桐教授访问厦门大学

(左起:程立新、辛周平、王仁宏、丘成桐、孙世刚,左七谭绍滨、左八谭忠)

2006年10月,第十届全国代数学术会议

2001—2007年,数学系/数学科学学院的办学地点进行了几次搬迁。数学系原办学地点是南光一(又称数学馆),位于建南大礼堂东侧,面朝大海与上弦

场。2001年,数学系从数学馆搬迁至嘉庚二第3、4层。2003年,学校启用漳州校区,一、二年级的本科生在漳州校区学习。2005年5月,学院搬迁至海韵园,学院的办学空间包括海韵园行政楼B栋和实验楼第一层。

2004年,赵俊宁任中国数学会第九届理事;2008年程立新任中国数学会第十届理事。2000年,赵俊宁任福建省数学学会第七届理事长。2004年,程立新任福建省数学学会第八届理事长,谭忠、谭绍滨任常务理事,许传炬、曾晓明任理事。2007年10月,谭绍滨任福建省生物数学会首届副理事长,钱建国、李时银任理事。2006年,国际学术期刊 *MATCH-Communications in Mathematical and in Computer Chemistry* 为张福基70岁生日出版专辑并刊登其传记。2016年,该杂志为张福基80岁生日出版专辑并刊登介绍他在数学、化学领域研究工作的专文。

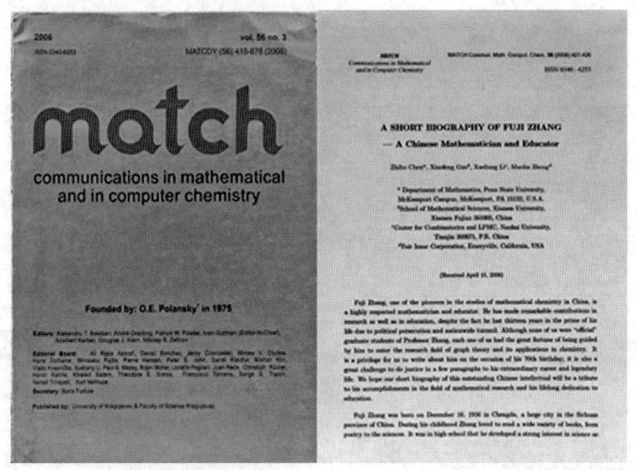

国际学术期刊 *MATCH-Communications in Mathematical and in Computer Chemistry* 2006 年第 53 卷第 3 期

2006年7月,厦门大学和贵州师范大学签订对口支援协议。2007年初,卢琳璋挂职贵州师范大学数学与计算机科学学院院长,2011年起任校长助理,为贵州师范大学的学科建设和博士点建设做出了重要贡献,获评贵州师范大学"感动校园十大人物",贵州省"感动校园十大人物"提名,及教育部"对口支援西部高校工作突出贡献个人"称号。

2002年,数学系1977级甲班校友同学返校举行毕业20周年纪念活动,每人出资500元,设立"数学系1977级甲班同学助学基金",用于资助数学系在读的品学兼优的贫困学生。

2006年4月,在厦门大学85周年校庆之际,杰出校友陈景润院士的铜像在厦门大学海韵园落成。陈景润的夫人由昆女士、中国科学院数学与系统科学研究院副院长汪寿阳研究员、厦门大学党委魏洪沼副书记和杨勇副校长以及数学科学学院的党政领导和师生代表等出席了铜像落成揭幕仪式。陈景润先生铜像由厦门大学艺术学院教师蒋志强创作,采用陈景润日常最习惯的坐姿进行塑造。

陈景润铜像　　　　　　　　由昆女士与海韵园中的陈景润铜像合影

2006年12月,学院举行纪念张鸣镛教授80周年诞辰纪念会,缅怀张鸣镛教授的学术成就和为厦门大学数学学科发展做出的重要贡献,同时举行了《"数学王国"忘我的耕耘者——纪念张鸣镛教授诞辰80周年》的首发式。

《"数学王国"忘我的耕耘者——纪念张鸣镛教授诞辰80周年》封面

张鸣镛教授诞辰八十周年纪念会暨纪念文集首发式合影留念(2006-12-28)

2007年二级学科基础数学入选国家重点学科。以2003年取得数学一级学科博士点和2007年获批的基础数学国家重点学科为标志,厦门大学数学学科已进入全国数学学科的前列。截至2007年底,全院在职教职工73人,其中专任教师62人,教师以外的其他专业技术人员4人,党政管理人员9人。

在专任教师中,教授17人:程金发、程立新、林群、林建华(大)、林亚南、卢琳璋、钱建国、邱春晖、谭忠、谭绍滨、伍火熊、许传炬、严荣沐、曾吉文、曾晓明、张莲珠、赵俊宁;副教授25人:白正简、蔡丽娟、陈昌明、陈东阳、陈桂芝、陈吕萍、戴跃进、杜妮、杜拴平、黄荣坦、黄渊河、金贤安、李锦堂、李时银、李渝澜、林鹭、林涛、林玉闽、刘继春、刘轼波、王海斌、张志强、张中新、钟春平、庄平辉;助理教授(讲师)18人:白朝芳、蔡国财、陈新香、程庆进、吕楹、刘卫平、刘青霞、潘建康、容志建、宋宇萍、王坚勇、徐新英、宣飞红、薛学梅、叶从峰、张文、张剑文、祝辉林;助教2人:林建华(小)、林建希。

教师以外的其他专业技术人员4人:林煜、林光荣、刘青、苏森福。

党政管理人员9人:高春玲、胡亚莉、黄兆君、梁卫中、林智雄、吴杏梅、许肖华、曾晓慧、郑丽萍。

2007年底,学院离退休教职员工57人:蔡宝治、蔡晖、蔡忠俄、曹镇潮、陈传淡、陈发强、陈鹄汀、陈景辉、陈叔瑾、陈奕培、冯树汉、高琪仁、龚显宗、辜联昆、郭坤甫、郭晓峰、郝剑华、胡南桦、黄伙泉、黄秀莲、黄约德、李轮焕、李再成、梁益兴、林大兴、林鸿庆、林江河、林良裕、林叔荣、林雪娥、林亚瑛、林应标、罗美琼、邱曙熙、佘维山、王巧君、吴世山、肖必泉、肖及美、谢德平、许清泉、许汝霖、杨佳仅、杨世嶡、杨锡安、杨照南、姚宗元、叶芳草、叶挺生、曾景秀、张福基、张克农、郑宝琚、郑耀辉、钟同德、庄琼珊、邹恒富。

八、抢抓机遇　与时俱进（2008—2017）

2007年12月，学校任命张明智任数学科学学院党委书记，梁卫中调任漳州校区党工委副书记。2008年1月，学院行政领导班子换届，林亚南任院长，程立新、邱春晖、许传炬任副院长，谭绍滨调任学校教务处处长。2008年4月，学院党委换届，张明智任书记，谭忠任副书记，程立新、林亚南、邱春晖、谭忠、吴杏梅、张明智任党委委员，许肖华因年龄原因不再担任学院党委副书记。随后，系级领导换届，钱建国任数学与应用数学系主任，严荣沐任副主任；卢琳璋任信息与计算数学系主任，庄平辉任副主任。学院党政联席会议确定林建华担任公共数学教学部主任。2011年5月，学校任命郑诚明为数学科学学院党委副书记。2012年，学校批准成立概率与数理统计系，刘继春任系主任，黄荣坦任副主任。2007年，曾晓慧负责办公室工作（至2008年10月）。2008年11月，陈锦华由管理学院党务秘书调任数学科学学院任办公室主任。

2012年12月，谭绍滨由教务处处长升任厦门大学校长助理，兼任国际合作与交流处处长、港澳台办主任；谭忠调任研究生院副院长兼学位与学科建设办公室主任。2017年1月，谭忠任厦门大学科学技术处处长。

2013年1月，学院行政班子换届，林亚南续任院长，邱春晖、许传炬、钱建国任副院长。接着，系级领导换届，金贤安任数学与应用数学系主任，刘轼波任副主任；邱建贤任信息与计算数学系主任，杜魁任副主任；刘继春任概率与数理统计系系主任，黄荣坦任副主任。2013年7月，学校任命张剑文为学院党委副书记。

2013年11月，学校批复同意在数学科学学院设立公共数学教学部（系级），由钟春平任公共数学教学部主任。2014年3月,学院党委换届,张明智续任书记,郑诚明、张剑文为副书记,林亚南、钱建国、邱春晖、伍火熊、张剑文、张明智、郑诚明任党委委员。2015年11月,郑诚明调任物理机电工程学院党委副书记。2016年9月,学校任命刘宁为学院党委副书记。2013年7月,陈锦华调任学校保卫处副处长,林智雄负责办公室工作。2015年7月,林智雄任学院办公室主任。

2014年,数学科学学院党政班子合影
(左起:张剑文、邱春晖、钱建国、张明智、林亚南、许传炬、郑诚明)

2008年到2017年,学院新进教师44人,具体如下:
2008年:丁昌明(教授)、陈健敏、杨维玲、王清、李安。
2009年:李伟、黄雪莹、吴聪敏、刘龙城、黄宏伟、曹娟、石荣刚、李效虎。
2010年:邱建贤(教授)、杨东勇、罗珍。
2011年:刘轼波(教授)、杜魁、宋翀、陈竑焘、梁薇、王焰金、刘东文、陈黄鑫。
2012年:方明。
2013年:于飞、王文元、周达。
2014年:夏超、黄灿、陈福林、闫卫平。
2015年:熊涛、罗元勋(台籍)、胡杰、余铌娜、李效虎。

2016 年:刘文飞、陈娴、王金花。

2017 年:朱玉峻(教授)、杨波、贺飞、阮诗佺。

党政管理人员方面,2008 年学院自聘王昉曦任教学秘书,2008 年杨机像从物理与机电工程学院辅导员调任学院团委副书记,2010 年郭淑敏入职(人才派遣,2012 年转正),2011 年石义凯入职(辅导员),2013 年陈李媛(秘书)、黄晨龙(秘书)、雷玉娟(编辑)入职,2014 年曹璐由艺术学院团委副书记调任学院党务秘书,2015 年陈淑铌入职(辅导员),2016 年欧阳雯思入职(秘书)。

其间退休或离职教职员工(没有括号标注的均为退休人员),名单如下:

2008 年:叶从峰(调往福州大学)、许肖华、刘轼波(调往汕头大学)、胡亚莉(离职)。

2009 年:林光荣、黄渊河、张志强(调往经济学院)。

2010 年:刘青。

2011 年:杨机像(团委副书记,调任公共卫生学院办公室主任)。

2012 年:曾晓慧、宣飞红、刘东文(离职,前往美国)。

2013 年:陈昌明、陈锦华(调任学校保卫处副处长)、王昉曦(离职)。

2014 年:蔡丽娟、赵俊宁、吴杏梅(党务秘书,调任学校教育发展基金会秘书)、黄兆君(团委书记,调任公共卫生学院党委副书记)。

2015 年:林建华、曾晓明、潘建康、李效虎。

2016 年:李渝澜、李时银、于飞(调往浙江大学)。

2017 年:卢琳璋、石荣刚(调往复旦大学)。

2008 年至 2017 年,在聘的闽江学者讲座教授和厦门大学讲座讲授有 Yuri Bilu(2017-08—)、Claude-Michel Brauner(2009-09—)、杜杰(2016-07—)、符斯奇(2016-01—)、关波(2010-03—)、黄维章(2015-01—2017-12)、荆炳义(2014-05—2017-04)、李竞(2017-03—)、李海生(2012-12—)、李仁仓(2014-05—)、李效虎(2016-01—)、刘青(2013-04—)、Alain Miranville(2017-08—)、汝敏(2017-06—)、林小东(2011-01—)、沈捷(2009-01—)、王立联(2016-07—)、Grace Yang(2012-01—2014-12)、叶娟娟(2012-11—2015-11)、余德浩(2012-02—2015-01)、Majdi Azaiez(2017-07—)。另有客座教授 Gordon E. Willmot(2011-05—2014-04)、谢虹(2011-05—2014-04)、陈敏(2009-01—)、郭军义(2011-05—2014-04)。

学院完善运行机制。2008 年新一届学术委员会成员有程立新、林亚南、卢琳璋、邱春晖、谭绍滨、谭忠、许传炬、张莲珠、赵俊宁，其中程立新任主任，谭绍滨任副主任。2009年10月进行调整，成员有程立新、李效虎、林群、林亚南、卢琳璋、钱建国、邱春晖、谭绍滨、谭忠、许传炬、张莲珠、曾晓明、赵俊宁，其中程立新任主任，谭绍滨任副主任。2013年1月，新一届学术委员会成员有程立新、李效虎、林亚南、刘继春、卢琳璋、钱建国、邱春晖、邱建贤、沈捷、谭绍滨、谭忠、许传炬、赵俊宁，其中谭绍滨任主任，沈捷、林亚南任副主任。2015年1月，学术委员会换届，新一届学术委员会成员有程立新、李效虎、林亚南、刘继春、卢琳璋、钱建国、邱建贤、邱春晖、沈捷、谭绍滨、谭忠、许传炬、赵俊宁，其中谭绍滨任主任，许传炬任副主任。

作为人事制度改革的重要举措，2013年学校要求各学院成立教授委员会，发挥专家学者在办学中的决策咨询、评价监督、桥梁纽带等方面的作用。在制定发展规划、申报"双一流"项目、修改职称聘任条例、职称晋升、特聘教授和重要岗位教师评价考核、人才引进等方面，先由党政联席会议讨论形成院长提名，再提交教授委员会讨论并投票确定。2013年9月，学院全体教师选举产生学院首届教授委员会，成员有白正简、程立新、金贤安、林建华、刘继春、刘轼波、邱建贤、伍火熊、严荣沐、曾晓明、赵俊宁、钟春平、庄平辉，其中赵俊宁任主任，程立新和伍火熊任副主任，金贤安兼任学术秘书。2015年12月，学院全体教师选举产生了学院第二届教授委员会，成员有白正简、程立新、关波、金贤安、刘继春、刘轼波、邱建贤、沈捷、伍火熊、夏超、严荣沐、张莲珠、钟春平，其中程立新任主任，邱建贤和伍火熊任副主任，金贤安兼任学术秘书。

从2008年开始，各项事业继续稳步发展。建章立制，院务公开，发挥学院教代会、学院学术委员会、学院教授委员会、系级组织和全体教职员工的积极性；坚持公平公正的原则，提高民主管理和民主决策的水平，以建设"和谐学院、活力学院"为目标，增强内部凝聚力与核心竞争力。党政联席会议形成会议纪要，并由院长、书记签发给全体教职员工；2008年至2017年间共发出98期会议纪要；梳理修订各项规章制度，2016年底在学院主页上集中公布了82项规章制度，内容包括人事、教学、科研、财务、学生工作等方面；开辟"办事流程"专栏，公布10余项办事流程；财务公开，学院在每年年底召开的教代会上公布和汇报学院财务情况。

2009年，"数学学科"列入学校"211工程"三期学科建设项目，这是数学学科首次在学校"211 工程"建设中单独立项。2010 年,"数学学科"列入学校"985 工程"三期建设项目,数学学科迎来了重要的发展时机。2011 年 11 月成立了概率与数理统计系。2011 年 2 月,学校聘任加拿大多伦多大学林小东教授来校担任厦门大学精算学研究中心主任。2011 年,学院与经济学院、王亚南研究院合作,共同获得厦门大学统计学一级博士点。同年,学院与经济学院、王亚南研究院合作,共同获得厦门大学统计学博士后流动站。2012 年 1 月,成立"厦门大学计算与应用数学中心"。在此基础上,2013 年 3 月,福建省科技厅批准依托厦门大学建设"福建省数学建模与高性能科学计算重点实验室",这是学院首次获批省级重点实验室。2013 年 10 月 31 日举行重点实验室揭牌仪式,鄂维南院士和陈志明、郭本瑜、江松、汤涛、张平文等出席。2014 年,学校单列"计算科学"交叉学科,招收博士研究生。2014 年 9 月,厦门大学数学学科进入 ESI(基本科学指标)全球前 1%。

福建省数学建模与高性能科学计算重点实验室揭牌仪式合影
(左起:许传炬、毛通双、C.M. Brauner、江松、郭本瑜、沈捷、鄂维南、
汤涛、陈志明、张平文、林亚南、邱建贤、谭忠)

2011 年,学院与香港环球科学出版社(Global Science Press)联合创办《东亚应用数学杂志》(*East Asian Journal on Applied Mathematics*),主编是石钟慈院士,副主编是 Roger Hosking、沈捷、许传炬。2013 年 9 月,《东亚应用数学杂志》被正式列入科学引文索引(Science Citation Index-Expanded,SCIE)期刊库。

2014年,《数学研究》(Journal of Mathematical Study)改版升级为全英文版,主编是沈捷,副主编是关波。自2016年起,Journal of Mathematical Study 第一期开始被 ESCI 期刊库收录。

East Asian Journal on Applied Mathematics

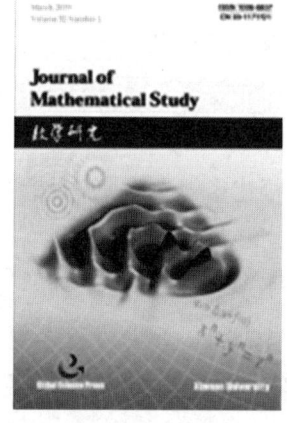
Journal of Mathematical Study

2012年,全国第三轮学科评估,厦门大学数学学科排名全国第20位(并列)。2015年,数学博士后流动站评估成绩"良好"。2016年,教育部学位与研究生教育发展中心公布全国第四轮学科评估结果,厦门大学数学学科被评定为"B+"。

2009年2月,谭绍滨入选第六届国务院学位委员会学科评议组成员;2014年4月,谭绍滨再次入选第七届国务院学位委员会学科评议组成员。2013年1月,"数学与科学前沿协同创新"培育项目在北京大学启动,厦门大学数学学科为该项目的参加单位,谭绍滨受聘为协同创新中心学术委员会成员,林亚南受聘为执行委员会成员,邱春晖受聘为教育教学委员会成员。

本科生人才培养取得重大进展。2008年3月,厦门大学数学与应用数学入选第五批"国家理科基础科学研究和教学人才培养基地"(简称"基地班"),同专业同时入选的还有清华大学、南京大学、西安交通大学、大连理工大学。截至当年,全国共有17个数学与应用数学专业基地班:北京大学、北京师范大学、南开大学、吉林大学、复旦大学、华东师范大学、苏州大学、浙江大学、中国科学技术大学、山东大学、武汉大学、四川大学、清华大学、南京大学、西安交通大学、大连理工大学、厦门大学。截至2008年,厦门大学共有5个基地班,分别是化学、生物学、历史学、数学、海洋科学。基地班获批后,学院多次召开专题工作会,在学生选拔、滚动机制、师资配备、课程设置等方面摸索制定适合我校实际的基地班运行模式和人才培养方案。2010年10月,国务院办公厅发文通知,在包括厦门大学在内的17所高校实施"基础学科拔尖学生培养试验计划"(简称"拔尖计划")。厦门大学的化学、生物学和数学3个学科入选该计划。针对"拔尖计划"人才培养,学院进一步优化课程建设、实践教学、专业培养、协同交流等人才培养环节,持续推进"名师名课""精品课程""学科竞赛""优青培养""个性培养""国际访学""联合暑期学校"等项目,通过常规教育、特色课程、系列讲座、对外交流、导师指导、滚动遴选、制度保障等创新机制提升拔尖人才培养质量。2011年,学院获批国家自然科学基金人才专项"国家理科基础科学研究和教学人才培养基地支撑条件建设"经费200万元;2012年,获批"能力提升培养项目"经费400万元。2011年起,学院每年获批教育部"基础学科拔尖学生培养试验计划"专项经费160万～180万元。2012年,数学与应用数学专业获评福建省综合改革试点。

学院以"基地班"和"拔尖计划"为依托,加大教学改革力度,取得了一系列的进展和成果。2008年,学院成立了青年教师教学指导小组,成员有林建华、蔡忠俄、刘继春、钱建国、宣飞红、杨世廞,林建华任组长。2013年,成立教学指导委员会,成员有林建华、林亚南、钱建国、钟春平、刘轼波、黄荣坦、杜魁、杜妮、黄宏伟,其中林建华任主任。2008年9月,谭忠主持的"数学建模"课程入选国家精品课程建设名单。2013年12月,林亚南主持的"高等代数"课程和谭忠主持的"数学建模"课程入选教育部第三批国家级精品资源共享课立项项目,并于2016年6月入选教育部第一批国家级精品资源共享课名单。2017年,谭忠的"数学建模"课程入选国家精品在线开放课程。截至2017年,学院共有13门专业必修课是校级精品课程,7门课程列入学校示范性网络课程建设,开设7门双语课程,硕士研究生的全部学位课程向本科生开放。学院每年邀请国内外知名专家学者在短学期开设5～6门短课程,设立本科生"景润数学""魅力数学""博闻"三大系列讲座,2011—2017年为本科生专门开设100多场高水平讲座。学院拓展跨校协同资源,优势互补,与北京大学、四川大学、南京大学等高校联合举办"拔尖计划联合暑期学校"。学院共开设4期"联合暑期学校",讲授11门课程,每年派出约20名学生参加外校联合暑期学校。加强国际化建设,与美国查尔斯顿学院、英国卡迪夫大学、新加坡南洋理工大学签订联合培养协定,选送学生学习交流。2012—2017年,有169名(占在校生的30%)本科生到国(境)外交流访学。

本科生培养质量显著提高。本科毕业生出国留学和进入国内高校继续深造的比例大幅提高。自2012年起,本科毕业生国内外升学深造比例达60%以上。数学本科招生录取分数名列学校理工医类前列。学生在科创活动和学科竞赛中获得120多个国家级奖励。2008—2017年全国大学生数学建模竞赛中29个队获全国一等奖,60个队获全国二等奖。2013年,由谭忠教授指导,数学科学学院的王钰聪、信息科学与技术学院(现更名为信息学院)的李文然和经济学院的刘世尧组成的团队在1326所高校19892支队伍中脱颖而出,获得该届全国大学生数学建模竞赛唯一的最高奖"高教社杯奖",厦门大学成为该赛事自2002年设立最高奖"高教社杯"以来唯一两次获得该奖项的高校。积极组织学生参加全国大学生数学竞赛,2008—2017年间共获全国一等奖5个、二等奖5个。2011—2017年参加美国大学生数学竞赛,1个队获特等奖,2个队获特等提名奖,30个队获一等奖,59个队获二等奖。2012—2017年完成72个国家级和省、校、院级"大学生创新创业训练计划",平均每人在校期间参加1.5次暑期社会实践活动。本科生发表了一批科研论文。在2009年和2010年两届"国际八校联盟"数学竞赛中,获得2个特等奖(每年唯一一个)、3个金奖、4个银奖、9个铜奖。连续14年组织厦门大学景润杯数学竞赛,吸引海峡两岸12个高校参加,参赛学生达16091人次,每年本校参赛学生人数约占全校学生总数的20%。

2013年获全国大学生数学建模竞赛"高教社杯奖"

(左起:王钰聪、谭忠、刘世尧、李文然)

在教学成果方面,林亚南申报的"发挥精品课程示范作用,提升全省'高等代数'教学质量"项目获福建省第六届(2009 年)高等教育教学成果一等奖(成员:林鹭、杜妮、谭绍滨);谭忠申报的"以数学建模为驱动,探索研究性、个性化创新人才培养之路"项目获福建省第七届(2014 年)高等教育教学成果一等奖(成员:刘继春、金贤安、刘青霞、伍火熊);林亚南申报的"遵循教育规律,培养数学一流人才"项目获福建省第八届(2017 年)高等教育教学成果特等奖(成员:谭绍滨、谭忠、邱春晖、钱建国、金贤安、张剑文)。

积极探索研究生教育模式改革。自 2010 年起,学院连续举办优秀大学生夏令营,同时选派教师主动走出去招收优秀学生。2012 年 11 月起,实行博士研究生招生"申请-考核制"。学院积极实施"研究生教育创新计划",鼓励研究生出国出境深造或交流,积极申报学校的"优博培养计划"、基础创新科研基金、博士研究生学术新人奖等项目,争取国家留学基金委的博士生联合培养指标,选派优秀研究生到国(境)外一流院校学习;与福建省星网锐捷有限公司合作建设福建省计算数学研究生教育创新基地。2008—2012 年间,累计 30 余名研究生到国(境)外交流学习,50 余人次获得学校不同层次的表彰,3 篇论文获得福建省优秀博士学位论文奖,研究生发表学术论文 300 余篇,其中被 SCI 或 EI 收录的有 207 篇。2013 年 1 月,博士研究生吴国春入选教育部"2012 年度博士研究生学术新人奖"。2013 年,2011 届博士毕业生王焰金的博士学位论文《Navier-Stokes 方程的自由边界问题与 Vlasov-Boltzmann 方程的流体极限》获评全国优秀博士学位论文,指导教师是谭忠。2017 年 1 月,学院与法国波尔多大学合作的"科学计算创新型复合人才培养项目"获得国家留学基金管理委员会"创新型人才国际合作培养项目"立项,3 年内每年派出 3 名符合条件的学生或教师赴波尔多大学联合培养博士生或做博士后。2014 年 7 月,由教育部、国家自然科学基金委员会主办的全国基础数学研究生暑期学校在我校开办,为期 4 周,来自全国 70 多所高校的 135 名学员参加。2015 年 7 月,全国基础数学研究生暑期学校再次在我院举办,为期 4 周,来自全国 68 所高校的 100 名学员参加。

2013年王焰金的博士学位论文获评全国百篇优秀博士学位论文

2008—2017年，共194位博士生通过博士论文答辩，获得博士学位。博士生导师为白正简、Claude-Michel Brauner（法国）、程立新、丁昌明、范更华（校外兼职）、傅希林（校外兼职）、胡璋剑（兼职）、郭晓峰、郭铁信、金贤安、李进金（校外兼职）、李效虎、林亚南、林小东（校外兼职）、刘发旺、刘轼波、卢琳璋、钱建国、邱春晖、邱建贤、谭绍滨、谭忠、王东东、伍火熊、许传炬、晏卫根（校外兼职）、应隆安（校外兼职）、张福基、张剑文、张莲珠、张曙光（校外兼职）、张顺明（校外兼职）、张颖、曾晓明、曾吉文、赵俊宁、钟春平。同期，有416名硕士生通过硕士论文答辩，获得硕士学位。

2013年，厦门大学成为中国科协组织的"中学生英才计划"19所试点高校之一。2013—2017年期间，邱春晖、谭忠、许传炬、金贤安、程立新、邱建贤、白正简、林亚南、钱建国等担任"中学生英才计划"导师，共有41名厦门中学优秀学生入选该计划。

师资队伍建设取得新的进展。在2009年和2013年，两次修改《数学科学学院教师岗位职责与任职条件细则（试行）》，提高高级职称晋升的基本条件。2013年，数学学术委员会、教授委员会制定了《数学学科重要学术刊物》，并充分发挥其在人才引进、职称评定、学位授予等方面的导向作用。2008年至2017年引进44位新教师，全部具有博士学位，大多数有博士后经历。2008年，白正简、刘继春、张中新晋升教授，张剑文晋升副教授；2009年，陈昌明晋升教授，白朝芳晋升副教授，林建希晋升讲师；2010年，王海斌晋升教授；2011年，钟春平晋升教授，程庆进、李安、容志建、王清、吴聪敏、张文晋升副教授，林建华晋升讲师；2012

年,金贤安、张剑文、庄平辉晋升教授,杜魁、刘龙城、刘青霞、潘建康、宣飞红晋升副教授;2013年,曹娟、宋翀、王焰金、徐新英、杨东勇晋升副教授;2014年,陈健敏、陈黄鑫、林建希、罗珍、宋宇萍、王文元晋升副教授;2015年,王焰金、夏超晋升教授,陈竑焘、石荣刚、闫卫平晋升副教授;2016年,刘文飞、王清、张文晋升教授,祝辉林晋升副教授;2017年,程庆进、杜魁、杜拴平、熊涛晋升教授,黄灿、罗元勋、周达晋升副教授。

2009年12月,沈捷入选"长江学者"讲座教授,2010年5月,入选国家高层次人才项目。2010年3月,关波入选"长江学者"讲座教授,2015年1月,入选国家高层次人才项目。2011年6月,白正简入选教育部"新世纪优秀人才支持计划"。2013年10月,钟春平入选教育部"新世纪优秀人才支持计划"。2013年,Claude-Michel Brauner入选国家外专局的"高端外国专家项目"。2014年3月,林亚南入选国家高层次人才特殊支持计划(万人计划)领军人才。2014年10月,谭忠获2014年度卢嘉锡优秀导师奖。2014年,张剑文入选福建省高等学校"新世纪优秀人才支持计划"。2015年4月,夏超入选国家高层次青年人才项目,这是学院首位国家高层次青年人才。2016年,林亚南、关波入选福建省高校领军人才资助计划。2016年,王清获批国家自然科学基金优秀青年科学基金项目。2016年3月,刘文飞入选国家高层次青年人才项目。2017年5月,熊涛入选国家高层次青年人才项目。2017年5月,王清获第十四届"福建青年五四奖章标兵"称号。

2008年,林亚南获国家级第四届高等学校教学名师奖。2009年和2010年,谭绍滨、谭忠分别获福建省第五、六届高等学校教学名师奖。2009年,林亚南获"宝钢优秀教师奖"。2010年,谭忠获"宝钢优秀教师奖"。2011年,谭绍滨获"宝钢优秀教师奖"。2011年9月,林亚南获"福建省师德标兵"称号。2013年和2014年,林鹭、林建华分别获得厦门大学首届、第二届"我最喜爱的十位老师"称号。2010年,基础数学教研室获校南强奖(教学类,集体)一等奖。2008—2017年,33名青年教师在校级以上各类教学技能竞赛中获奖。

林亚南院长荣获国家级教学名师

　　科学研究基金立项、论文发表、科研获奖有新的大幅度进展。2008年至2017年,学院获批各类科研基金项目220项,获批金额6624.75万元,特别地,获批一些具有显示度的科研项目。2009年,谭绍滨主持的"李理论及其应用"获批国家自然科学基金重点项目。2012年,邱建贤主持的"多介质流体的自适应高分辨算法研究"获批国家自然科学基金重大研究计划"高性能科学计算的基础算法与可计算建模"的培育项目。2015年,谭忠主持的"瓦斯燃烧爆炸过程中自由界面形成与运动的建模与分析"获批国家自然科学基金重点项目。2016年,王清主持的"顶点代数、李代数及相关量子代数"获批国家自然科学基金优秀青年科学基金项目,这是学院教师首次获得国家自然科学基金委优秀青年科学基金项目。2016年,邱建贤主持的"高能量密度物理条件下流体力学计算方法研究"获批国家自然科学基金联合基金项目,沈捷主持的"相场模型的高精度算法设计及应用"获批国家自然科学基金重大研究计划"高性能科学计算的基础算法与可计算建模"的重点支持项目,许传炬主持的"多相复杂材料的相场模型、算法和模拟"获批国家自然科学基金国际(地区)合作与交流项目。2017年,程立新主持的"Banach空间的非线性几何及其应用"获批国家自然科学基金重点项目。2008—2017年期间,学院教师及学生共发表高水平研究论文1865篇。2008年11月,白正简获2008年全国应用数值代数奖。2008年,晏卫根(集美大学)、张福基申报的"图的匹配理论与图能量的研究"项目获福建省科学技术奖一等奖。2009年,白正简申报的"几类重要结构化反特征值问题及其应用"项目获福建省科学技术奖二等奖。2010年,赵俊宁申报的"非线性退化抛物方程与Navier-Stokes方程的边界层问题"(成员:张剑文)项目获福建省自然科学奖二等奖。2014年,谭绍滨申报的"TKK代数及Virasoro-like李代数的表示理论"[成员:林卫强(闽南师范大学)、王清]项目获福建省自然科学奖二等奖。

全面推进学术交流。2008—2017年,累计邀请校外专家开设学术讲座1263场,其中南强学术讲座和院士讲座41场次;举办各类各级学术会议97次,邀请了中国科学院石钟慈院士、龙以明院士、马志明院士、彭实戈院士、严加安院士、李安民院士、郭柏灵院士、王诗宬院士、林群院士、姜伯驹院士、张恭庆院士、周向宇院士、徐宗本院士、鄂维南院士、田刚院士、张伟平院士、席南华院士、江松院士、陈木法院士、杨乐院士、莫毅明院士,中国工程院陈纯院士来校指导工作和做学术报告。大力推进校级交流合作。从2008年开始,分别与北京大学、复旦大学、吉林大学、山东大学、四川大学、大连理工大学、北京师范大学、中山大学、浙江大学、兰州大学、南京师范大学、西北工业大学等兄弟院校开展校际联合学术报告会,为年轻教师开展学术交流、展示科研成果提供平台。积极开展对台学术交流工作。2010年发起举办海峡两岸计算数学学术研讨会,2011年发起举办海峡两岸代数学学术研讨会,都有后续系列会议。2012年,举办台湾中山大学、上海同济大学和厦门大学联合学术研讨会。学院分别与台湾淡江大学、台湾中山大学、台湾交通大学、台湾静宜大学、台湾成功大学等高校的数学院系开展交流合作。积极拓展国际交流。与新加坡南洋理工大学、美国查尔斯顿学院、法国波尔多大学、英国卡迪夫大学等签订合作交流协议或学术互派协议。

2009年4月,学院承办了中国数学会2009年学术年会,参会人数近400人,其中包括13位国际数学联盟执委会成员和国际数学联盟执委会特邀代表及11位两院院士:李邦河、林群、龙以明、马志明、彭实戈、严加安、石钟慈、王诗宬、文兰、张景中、张恭庆。会议安排大会报告12场、分组报告108场,并举办首届数学教育沙龙。会议期间,面向厦门市中学和高校组织了9场院士公众演讲。《人民日报》《光明日报》、新华社、CCTV新闻联播等30多个新闻媒体报道了会议盛况。

中国数学会 2009 年学术年会会场

2011年4月6日,厦门大学90周年校庆之际,菲尔兹奖获得者、美国加利福尼亚大学(圣地亚哥)Efim Zelmanov 教授应邀来校做了题为"A Century of Abstract Algebra"的南强学术讲座。

菲尔兹奖获得者 Efim Zelmanov 教授与教师合影
(左起:林亚南、白锡能、Efim Zelmanov、张福基、谭绍滨、程立新)

2014年6月2日,作为庆祝中法建交50周年活动之一的中法计算与应用数学研讨会在我校举办,包括李大潜院士、石钟慈院士、徐宗本院士、袁亚湘院士、陈永川院士和法国科学院院士 Philippe G. Ciarlet、Alain Bensoussan、Olivier Pironneau 等70多位中法学者参加会议,复旦大学杨玉良校长、法国驻华大使馆科技参赞 Norbert Paluch、国家自然科学基金国际合作局鲁荣凯副局长出席开幕式，厦门大学朱崇实校长出席开幕式并致辞。

中法计算与应用数学研讨会合影

朱崇实校长和 Villani 院士

2016年4月6日，厦门大学95周年校庆之际，菲尔兹奖获得者、法国里昂大学Cédric Villani教授应邀来校做题为"关于星球、粒子与永恒性"的南强学术讲座，韩家淮副校长为Villani颁发南强学术讲座铭牌。

Villani院士与学生合影

2016年7月11日，国际著名数学家、美国加州大学圣塔芭芭拉分校张益唐教授应邀到我校做题为"从陈景润对数论的伟大贡献谈起"的南强学术讲座，校长助理谭绍滨教授为张益唐教授颁发南强学术讲座铭牌。

张益唐教授应邀做"南强学术讲座"
（左起：张明智、林亚南、孙雅玲、张益唐、朱崇实、沈捷、陈敏、谭绍滨）

2011年起，谭绍滨任第十二届厦门市政协委员（至2017年1月）。2013年至今,谭绍滨任第十一届、十二届福建省政协委员。2011年,林亚南担任中国数学会第十一届、十二届常务理事(2011—2017)。2008年,林亚南任福建省数学学会第九届副理事长。2012年11月,林亚南任福建省数学学会第十届理事长,邱建贤、刘轼波当选常务理事,刘继春、钟春平当选理事。2012年,谭忠当选福建省生物数学学会第二届副理事长,张剑文、黄雪莹为理事;2017年换届,张剑文任第三届副理事长,周达、徐新英、胡杰为理事。2013年,林亚南任教育部数学专业教学指导委员会成员,谭绍滨任教育部大学数学课程教学指导委员会成员。

2008年,学院工会获福建省"先进教工小家"称号。2009年3月,学院工会换届,曾吉文任主席,庄平辉、张剑文、林煜、宣飞红、曾吉文任委员。2013年5月,学院工会换届,伍火熊任主席,伍火熊、庄平辉、严荣沐、林鹭、林煜为委员。

2011年8月,曾吉文作为中组部第七批援疆干部赴新疆师范大学数学科学学院挂职副院长3年。2014年9月,王文元作为教育部第八批援疆干部,赴新疆财经大学应用数学学院挂职副院长3年。2014年10月,钱建国赴新疆塔里木大学挂职校长助理1年。

2008年1月,1978级系友回母校聚会,种植一棵榕树并立碑留念。

1978级系友种植的榕树与碑文

2008年4月,校友郭金顶在学院设立"郭金顶、郭庄丽华奖学金",每年5万元奖励50名优秀学生。2009年,校友郝建在学院设立"厉则治大学生成长奖学金",每年提供1万元奖学金;2012年又为"厉则治大学生成长奖学金"一次性捐资20万元,每年奖励5名优秀学生。2011年4月,1977级校友、科学出版社社长林鹏向学院捐赠一批图书,价值20余万元。

2008年,系友中国科技大学苏育才①教授获得国家杰出青年科学基金资助。

2008年10月,1976级系友陈荣书②当选中华全国总工会副主席,学院发出贺电表示祝贺。

2009年,《中国科学》英文版为钟同德八十寿辰出版专刊。

陈荣书

《中国科学》专刊封面

2010年10月14日,学院举行"纪念方德植教授百年诞辰座谈会",1952级校友、中国科学院林群院士、杰出校友、国家杰出青年科学基金获得者印林生(清华大学)、王友德(中国科学院)、苏育才(中国科技大学)参加座谈并发言。

2010年4月10日,纪念柯召院士百年诞辰学术报告会暨《柯召传》发行仪式在四川大学召开,林亚南在会上回顾柯召校友在厦门大学的往事,并赠送若干历史资料。2011年,著名校友陈景润的夫人由昆女士应邀参加90周年校庆,并回学院座谈。

---

① 苏育才,男,1963年5月出生于福建永定。1982年7月厦门大学数学系本科毕业,1985年厦门大学数学系获硕士学位,1985-08—1986-08任厦门大学助教,1989年2月于中国科学院系统科学研究所获博士学位。1989-03—1990-09任厦门大学讲师。1990年开始先后在英国、加拿大、澳大利亚的多所大学做访问学者和博士后,1998年后先后在上海交通大学任教授、博士生导师,中国科技大学数学系任副主任、同济大学数学所任所长。2008年获得国家基金杰出青年科学基金项目,在Kac-Moody代数、量子群、李超代数(及其量子化)研究领域做出重要学术贡献。

② 陈荣书(1956-10—   ),男,福建永定人,1975年参加工作,1977—1980年在厦门大学数学专业学习,毕业后在全国总工会工作,1999年任全国总工会办公厅副主任,2005年任书记处书记兼办公室主任,2008年任全国总工会副主席、书记处书记。

纪念方德植教授百年诞辰座谈会

2014年4月,以杰出校友、著名数学家陈景润院士事迹为原型的大型原创话剧《哥德巴赫猜想》在学校首场公演。之后,话剧作为中国科协发起的"共和国的脊梁——科学大师名校宣传工程"项目,每年到全国各地巡回演出,广获好评,取得良好的社会反响。

话剧《哥德巴赫猜想》剧照

2015 年,数学系 1977 级本科生、浙江大学陈纯①教授当选中国工程院信息与电子工程学部院士。陈纯院士是厦门大学数学学科走出去的第四位院士。学院发电报热烈祝贺。2015 年,1989 级系友、中国科学院的李竞②获得国家杰出青年基金资助。

陈纯

2012 年 12 月,学院一、二年级本科生从漳州校区回迁学校本部,入住海韵学生宿舍区。2014 年专任教师办公室由海韵园行政楼 B 栋搬迁至海韵园物理机电航空大楼第 5、6 层,保留海韵园行政楼 B 栋第 3 层的党政管理办公室,同时保留实验楼第 1 层办学空间。

2017 年底,全院在职教职工共 103 人,其中专任教师 87 人,教师以外的专业技术人员 4 人,党政管理人员 12 人。

在教师队伍中,教授 34 人:白正简、程金发、程立新、程庆进、丁昌明、杜魁、杜拴平、金贤安、林群、林亚南、刘继春、刘轼波、刘文飞、钱建国、邱春晖、邱建贤、谭忠、谭绍滨、王海斌、王清、王焰金、伍火熊、夏超、熊涛、许传炬、严荣沐、曾吉文、张剑文、张莲珠、张文、张中新、钟春平、朱玉峻、庄平辉。副教授 34 人:白朝芳、曹娟、陈东阳、陈桂芝、陈竑焘、陈黄鑫、陈健敏、陈吕萍、戴跃进、杜妮、黄灿、

---

① 陈纯(1955-12—),男,浙江象山人,厦门大学 1977 级数学系本科生。现任浙江大学计算机科学与技术学院教授、浙江大学信息学部主任、国家数码喷印工程技术研究中心首席科学家、国家新一代人工智能战略咨询委员会委员,曾任浙江大学计算机科学与技术学院院长、浙江大学软件学院院长。长期从事计算机应用领域的前沿研究工作,获国家技术发明奖二等奖 1 项,国家科技进步奖二等奖 2 项,省部级科学技术奖一等奖 6 项。近年来,率领科研团队对大数据、人工智能和区块链等技术和系统进行了重点研发,有关成果在相关应用领域得到了全面推广。2015 年当选为中国工程院院士。2019 年 10 月 24 日应邀向中央政治局讲解区块链技术。

② 李竞,男,1972 年出生于福建永春,博士,研究员,博士生导师。1993 年在厦门大学数学系本科毕业,1996 年在厦门大学数学系获硕士学位,1996 年 8 月至 2001 年 8 月在《厦门大学学报(自然科学版)》编辑部担任编辑,2004 年 8 月香港中文大学并获博士学位,之后,在中国科学院数学与系统科学研究院应用数学所和日本大阪大学做博士后。2006 年 4 月起,在中国科学院数学与系统科学研究院从事科学研究工作,2015 年获得国家杰出青年科学基金资助。从事流体力学偏微分方程理论研究,在可压缩 Navier-Stokes 方程及相关模型的数学理论研究方面取得了系列重要学术成果。

黄荣坦、黄雪莹、李安、李锦堂、林鹭、林涛、林建希、林玉闽、刘龙城、刘青霞、罗元勋、罗珍、容志建、宋翀、宋宇萍、王文元、吴聪敏、徐新英、闫卫平、杨波、杨东勇、周达、祝辉林。助理教授19人：蔡国财、陈娴、陈福林、陈新香、方明、贺飞、胡杰、黄宏伟、李伟、梁薇、林建华、刘卫平、吕楹、阮诗佺、王坚勇、王金花、薛学梅、杨维玲、余铌娜。

教师以外的专业技术人员4人：郭淑敏、雷玉娟、林煜、苏森福。

党政管理人员12人：曹璐、陈李媛、陈淑铌、陈向柳、高春玲、黄晨龙、林智雄、刘宁、欧阳雯思、石义凯、张明智、郑丽萍。

截至2017年底，学院离退休教师共54人：蔡晖、蔡宝治、蔡丽娟、蔡忠俄、曹镇潮、陈昌明、陈发强、陈鹄汀、陈景辉、陈叔瑾、高琪仁、龚显宗、辜联昆、郭晓峰、郝剑华、黄秀莲、黄渊河、黄约德、李轮焕、李时银、李渝澜、李再成、梁益兴、林大兴、林光荣、林鸿庆、林建华、林江河、林雪娥、林亚瑛、林应标、刘青、卢琳璋、罗美琼、潘建康、邱曙熙、余维山、吴世山、肖及美、谢德平、许清泉、许肖华、宣飞红、杨佳仅、杨照南、姚宗元、曾晓慧、曾晓明、张福基、赵俊宁、郑耀辉、钟同德、庄琼珊、邹恒富。

九、天元落户　争创一流（2018—2020-07）

2017年9月，学院行政班子换届，校长助理、国际合作与交流处处长谭绍滨兼任学院院长，张剑文、邱建贤、金贤安任副院长，邱建贤、金贤安同时任数学科学学院党委委员。2017年12月，黄宝秋从学校办公室副主任调任数学科学学院党委书记，陈国强从海洋与地球学院党委副书记调任数学科学学院党委副书记，张明智调任生命科学学院党委书记。2018年5月，学院党委换届，新一届党委委员是陈国强、黄宝秋、金贤安、刘宁、邱建贤、伍火熊、张剑文，其中黄宝秋任书记，陈国强、刘宁任副书记。2018年9月，广西壮族自治区玉林师范学院数学与统计学院刘永建院长来学院挂职副院长（至2019年1月）。2019年2月，谭忠兼任厦门大学深圳研究院院长。

2019年，数学科学学院党政班子合影
（左起：刘宁、邱建贤、谭绍滨、黄宝秋、陈国强、张剑文、金贤安）

2018年初，学院启动系级领导班子换届。2018年5月，经学校批复，夏超任数学与应用数学系主任，杜妮任副主任；杜魁任信息与计算数学系主任，陈黄鑫任副主任；周达任概率与数理统计系副主任（主持工作），王文元任副主任；庄平辉任公共数学教学部主任。2019年，陈向柳调任学校国际学院/海外教育学院党委副书记。2020年3月，于正伟由翔安校区学生办调入学院任团委书记，石义凯调任翔安校区学生办秘书。2020年4月，由本人申请，学校免去王文元的概率与数理统计系副系主任职务。2020年6月，吴纲民从学校统战部秘书调任学院办公室主任，林智雄抽调挂职龙岩市新罗区政府办公室副主任。2019年1月，学院自聘魏佳、叶湉为天元数学东南中心专职秘书。

2018—2020年6月，学院共引进教师4人，具体如下：

2018年：黄文、陈志玮（台籍）。

2019年：余世霖。

2020年：连政星。

其间也有部分教职员工（含党政管理人员）离任或者退休（注：没有括号标注的均为退休人员）：

2018年:张明智(调往生命科学学院)、张莲珠。

2019年:曾吉文、戴跃进、罗元勋(离职)、陈志玮(离职)、陈向柳(团委书记,调往学校国际学院/海外教育学院)。

2020年:石义凯(辅导员,调往翔安校区学生办)。

自2018年至2020年6月,在聘的闽江学者讲座教授和厦门大学讲座教授有Yuri Bilu、Claude-Michel Brauner(至2018年9月)、杜杰、符斯奇、关波、李竞、李海生、李仁仓、李效虎、刘青、汝敏、林小东(至2018年12月)、Alain Miranville、沈捷、王立联(至2019年6月)、Majdi Azaiez。

2017年底至2018年初,新的党政班子建立后,学院加快完善内部管理体系。2017年12月,全院教职工大会选举产生第三届教授委员会,成员为白正简、程立新、林亚南、刘文飞、刘轼波、钱建国、邱春晖、王清、伍火熊、夏超、许传炬、张文、钟春平,其中林亚南任主任,程立新和夏超任副主任,张文兼任学术秘书。2020年5月,全院教职工大会选举产生第四届教授委员会,成员为王清、白正简、伍火熊、刘文飞、刘继春、许传炬、杜魁、邱春晖、张文、林亚南、夏超、程立新、熊涛,其中夏超任主任,林亚南和熊涛任副主任,王清兼任学术秘书。2018年5月,成立新一届学术委员会,成员为程立新、金贤安、刘文飞、刘继春、邱春晖、邱建贤、谭忠、谭绍滨、王清、夏超、熊涛、许传炬、张剑文,其中程立新任主任,夏超、邱建贤任副主任。根据学校布置,学院进行绩效评价体系改革,制定实施了《数学科学学院专任教师岗位绩效考核评价指标》《厦门大学数学科学学院党政管理及工勤岗位绩效考核办法》《数学科学学院实验工程技术岗位绩效考核办法》,充分发挥政策杠杆在人才引进、教师职务晋升中的作用。到2019年底,完成制定和修订了一批规范性文件,包括党政联席会议和各个专门委员会议事规则、教师和干部外出请假制度、非全职教师管理、本科生教学指导与督导、研究生培养与管理过程、博士后工作、科研经费使用和科研奖励、学术报告与专家咨询费、奖助学金评定、经费开支和财务报账审核、福利费使用、资产管理等。建立了学院预算委员会,完成学院二级报账建设工作,大力加强内部财务控制体系建设。

2018年,国家自然科学基金委员会数学天元基金决定在国内设立和资助若干个国家天元数学中心平台类项目。设立国家天元数学中心是全面加强我国基础科学研究、促进数学学科发展的重要举措和重大布局。2018年1月底，国家天元基金学术领导小组听取中山大学和厦门大学两校数学学科的汇报，决定由厦门大学牵头申请建设国家天元数学东南中心。2018年2—3月，学院广泛联系福建、广东、浙江和江西等省份的高校，签署共建协议，同时探讨研究领域、目标定位和建设举措、学术委员会组建等工作，并广泛听取国内知名数学家的意见和建议。

学院及时向学校报告东南中心的申请进展，学校表示尽全力支持数学学科申报国家天元数学基金东南中心，并在新一轮资源配置中重视数学学科发展的需求。为支持东南中心的申请与建设，学校批准学院以建设国家天元数学东南中心为主要内容的校级重大专项，并给予经费资助1225万元（2018—2021年）；为缓解东南中心学术活动空间的紧张需求，学校决定将海韵园实验楼共计500平方米的使用面积划归数学学院使用。

2018年7月，学院正式向国家自然科学基金委提交申报书。2018年10月，国家自然科学基金委天元基金学术领导小组听取厦门大学和武汉大学数学学科关于申报建设国家天元数学中心的答辩汇报，同年11月29日正式批复同意依托厦门大学数学学科建设国家天元数学东南中心。国家天元数学东南中心落户厦门大学，是我校数学学科发展历程中的里程碑事件，为数学学科带来了历史性的发展机遇，为学校"双一流"建设助力增彩，为促进东南地区数学科学研究与人才培养提供了重要的发展平台。

2019年1月8日，国家天元数学东南中心启动会暨揭牌仪式在厦门大学举行。田刚院士、席南华院士、袁亚湘院士、励建书院士、周向宇院士、江松院士、张平文院士、汤涛院士、方复全院士、陈志明院士、国家自然学科基金委数学物理学部领导，国内相关兄弟院校数学院系领导，厦门大学张彦书记、张荣校长、江云宝副校长、学校有关部门领导，数学科学学院党政领导和师生等共同见证国家天元数学东南中心的成立。揭牌成立仪式后，在学校嘉庚主楼（颂恩楼）215会议室召开了东南中心学术委员会第一次会议，审议通过了东南中心学术委员会章程、共建单位名单、执行委员会名单及2019年4个主要研究领域系列主题学术活动计划。

袁亚湘、江松、田刚、张荣（左起）为国家天元数学东南中心揭牌

国家天元数学东南中心揭牌仪式后合影

（前排左起：汤涛、江松、励建书、江云宝、席南华、张荣、田刚、袁亚湘、周向宇、张平文、方复全、陈志明；后排左起：谭绍滨、李辉来、赵彬、赵桂萍、范更华、李嘉禹、包刚、黄云清、朱熹平、辛周平、王长平、邵启满、程晋、何成、张伟年、沈捷、黄宝秋）

截至东南中心获批时,全国共有4个国家天元数学中心,分别是国家天元数学东南中心(厦门大学)、国家天元数学西北中心(西安交通大学)、国家天元数学东北中心(吉林大学)、国家天元数学西南中心(四川大学)。国家天元数学东南中心依托厦门大学建设,共建单位包括福建、浙江、广东、江西、海南5省的15所高校,分别为福建师范大学、福州大学、广州大学、华南理工大学、华南师范大学、南方科技大学、汕头大学、中山大学、海南大学、海南师范大学、江西师范大学、南昌大学、宁波大学、浙江大学、浙江师范大学。学术委员会成员是包刚、陈永川、范更华、方复全、励建书、沈捷、谭绍滨、汤涛、田刚、王长平、席南华、辛周平、袁亚湘、周向宇、朱熹平,其中田刚为学术委员会主任,励建书和汤涛为副主任,谭绍滨兼任秘书。执行委员会主要由共建单位的数学院系的院长或主任组成。

东南中心将围绕基础数学及其交叉应用领域的"微分几何、复几何与几何分析""代数、代数几何、数论与表示论""偏微分方程理论与数值方法""离散数学与优化"4个专题,通过多种形式的学术活动,凝聚研究队伍,聚焦科学问题,深化国内外多领域专家间的合作,培养青年学术骨干,推动我国东南地区数学学科的发展。东南中心定位为立足东南、面向世界,培养一流数学人才,取得一流科研成果,建成在国际上有重要影响,融合人才培养、合作研究、学术交流等功能的一流平台。

东南中心成立后,数学科学学院依托东南中心积极开展多种形式的学术活动。截至2019年12月,东南中心已经累计开设短课程25门,共计315学时,496名学员参加;举办研讨会25场,研讨会上的讲座305场,1247名专家学者与会;开设10次专题讨论班和7项访问合作研究项目;邀请校外专家学者开设天元东南专题讲座116场,其中南强讲座3场,名家讲堂/院士讲座6场,Colloquium系列讲座13场。

学院坚决贯彻落实"立德树人"根本任务,牢固树立"以人为本"的人才培养思路。2019年,数学与应用数学专业入选国家级"双万计划"一流本科专业建设点。2020年,数学类专业列入教育部"强基计划"单列招生。学院加强学风、考风、教风建设,营造良好的学习氛围;修订完善本科学生培养方案,进一步优化课程体系,充实教学内容增设前沿课程;完善教学管理体系,加强教学团队建设,积极发挥课程组作用;发挥兼职讲座教授的作用,邀请兼职讲座教授开设短期前沿课程和担任拔尖计划学生导师;加大力度推动"拔尖计划"国际化方面的工作;继续推动"景润系列"品牌活动和学科学业竞赛工作。林亚南领衔的"数学专业教学团队"入选福建省2018年省级本科教学团队建设名单;谭忠领衔的"分析与偏微分方程"团队入选2018年福建省研究生导师团队A类;谭忠领衔的"数学建模慕课应用型本科教学团队"入选2019年福建省级慕课应用型本科教学团队;谭忠主持的"偏微分方程"入选2018年国家精品在线开放课程,曾吉文主持的"信息安全"和陈桂芝主持的"线性代数"入选福建省精品在线开放课程。2018届和2019届本科毕业生升学率分别为67%和69%,60名本科毕业生出国(境)攻读博士或硕士学位,81名本科毕业生在国内读研。学生在各类学业竞赛中屡获佳绩:第十届全国大学生数学竞赛一等奖获得者1人,二等奖3人,三等奖1人;3人获得丘成桐数学竞赛表扬奖,2人进入决赛;全国大学生数学建模竞赛一等奖获得者7队,二等奖获得者8队。2018年9月,林亚南获评福建省第五届杰出人民教师。杜妮与陈桂芝分别荣获厦门大学2018年与2019年"我最喜爱的十位老师"称号。在2018年和2019年厦门大学教学技能比赛中,有6位青年教师获奖。林亚南申报的"打造精品资源,构建多元化、个性化数学人才培养模式"项目获得2018年国家级高等教育教学成果奖二等奖(成员:谭绍滨、谭忠、钱建国、邱春晖、金贤安、张剑文),这是厦门大学数学学科首次获得国家级教学成果奖。

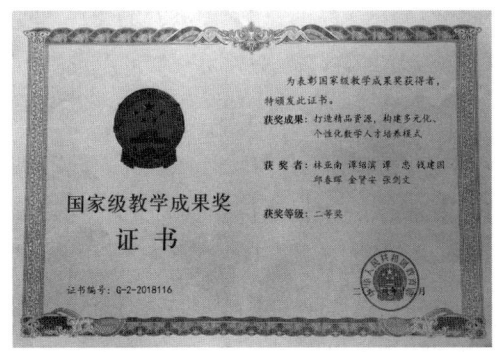

2018年国家教学成果奖奖状

学院通过《厦门大学数学科学学院英才计划工作实施办法》,2018—2020年,继续承担中国科协的"中学生英才计划",邱春晖、曾吉文、程金发、张文、朱玉峻、钟春平、程庆进、李安、张剑文等担任导师,共有18名厦门中学优秀学生入选该计划。学院与厦门市教育局签订《数学学科奥赛培训合作协议》并实施。

继续推进研究生培养机制改革。2020年修订完善研究生培养方案，设置模块化课程，夯实研究生专业基础；加大推荐免试研究生选拔力度，"走出去、请进来"，主动赴国内重点高校进行招生宣传选拔，举办全国优秀大学生夏令营，2018年和2019年连续两年招收推荐免试硕士研究生比例占当年硕士生的70%；加强博士研究生招生"申请-考核"制选拔力度，推进博士研究生中期考核制度改革；连续举办全国研究生暑期学校，扩大厦门大学数学学科的知名度与影响力。2018—2019年，研究生作为主要完成人发表的学术论文97篇；13名研究生获得国家公派留学机会前往德国哥廷根大学、美国佐治亚理工学院等知名高校留学。自2017年起，举办"景润青年"研究生学术周活动，展现研究生科研成果。蔡虹的《几类流体力学方程组解的适定性问题》(导师:谭忠)和陈升的《若干奇性问题的高精度谱方法》(导师:沈捷)获2017年福建省优秀博士学位论文；罗思捷的《凸分析中保序与逆序映射的表示及应用》(导师:程立新)入选福建省2018年度优秀博士学位论文。万秋月的《基于响应矩阵和系统矩阵的最小范数部分二次特征值配置问题》(导师:白正简)和徐策的《多重Zeta函数值与Euler和式的研究》(导师:张剑文)获2017年福建省优秀硕士学位论文；柯颖的《不规则形状的圆(球)组逼近算法及其应用》(导师:曹娟)入选福建省2018年度优秀硕士学位论文。博士后李晓丽入选2019年度"博士后创新人才支持计划"并获中国博士后科学基金第65批面上(一等)资助。2018年共有21名博士生通过博士学位论文答辩，博士生导师分别是程立新、金贤安、李效虎、卢琳璋、邱春晖、沈捷、谭绍滨、谭忠、王海斌、曾吉文、曾晓明、张莲珠、钟春平。2019年共有18名博士生通过博士学位论文答辩，博士生导师分别是程立新、刘轼波、卢琳璋、钱建国、邱春晖、谭绍滨、谭忠、王东东、伍火熊、许传炬、曾吉文、张剑文、张曙光。2018年共有31名硕士生通过硕士学位论文答辩，2019年共有39名硕士生通过硕士学位论文答辩。

外引内培，加强师资队伍建设。2018年，陈吕萍、李安、杨东勇晋升教授，陈福林、余铌娜晋升副教授。2019年，陈健敏晋升教授，陈娴、梁薇晋升副教授。2018年10月，林亚南教授获福建省第五届"杰出人民教师"称号；2019年，余世霖入选国家高层次青年人才，王焰金获批教育部长江学者奖励计划青年项目，谭忠入选第三批福建省特殊支持"双百计划"（科技创新领军人才），王清入选福建省高校领军人才资助计划。2019年12月，程立新获得"厦门市优秀教师"称号。

2018年,余世霖、黄文、王焰金入选第一批南强青年拔尖人才支持计划(B类)。2019年,余世霖、王焰金入选南强青年拔尖人才支持计划(A类),陈黄鑫、毛志平入选南强青年拔尖人才支持计划(B类)。

加强科研,提升原始创新能力。学院根据学科特点修订科研成果评价机制,选定了一批"数学超一流刊物""数学一流刊物""数学高水平刊物",在学术评价、职称晋升和人才培养等方面积极发挥导向作用。2019年底,为强化精品意识,学院启动一流论文奖励机制,对在"数学一流刊物"及以上刊物发表的论文进行奖励。2018年数学学科进入ESI全球前0.5%,2018年和2019年两年共发表SCI论文361篇。2018年和2019年两年共获批科研项目46项,累计获批基金额度2563万元。2017年,程立新、程庆进、张文申报的"Banach空间的非线性几何及其应用"项目获福建省自然科学奖二等奖;2018年,沈捷申报的"微分方程的高效算法"项目获福建省自然科学奖二等奖。

学院高度重视年轻教师的成长成才,组建了以青年学术带头人为主的Colloquium组织委员会,定期邀请知名专家学者来校访学,做学术报告。2018年至2020年6月,田刚院士、袁亚湘院士、席南华院士、江松院士、王诗宬院士、周向宇院士、马志明院士、郭柏灵院士、汤涛院士、叶向东院士、张继平院士、孙斌勇院士等应邀来校讲学,指导学科发展。学院积极推动国际化建设,与香港科技大学、法国波尔多大学、美国佐治亚理工学院签署科研合作或学生互派协议,共有60余名学生赴国(境)外交流学习。

2018年,谭绍滨任教育部数学专业教学指导委员会成员,林亚南任教育部大学数学课程教学指导委员会成员。2018年7月,钱建国当选福建省运筹学会首届副理事长,金贤安为常务理事,白正简、李安、杜魁为理事。2019年5月,谭绍滨任福建省数学学会副理事长,张剑文、邱建贤任常务理事,金贤安、刘继春任理事。2020年1月,谭绍滨任中国数学会第十三届常务理事。2020年2月,李锦堂挂职贵州师范大学数学科学学院教授(为期1年)。

2017年12月,学院2005级校友、浙江白鹭资产管理股份有限公司董事长兼总经理章寅捐款200万元在学院设立"白鹭基金",下设"白鹭"助学金、"白鹭"全面发展基金、"白鹭"奖学金和"白鹭"奖教金等项目。

"白鹭基金"捐款仪式

（前排左起：谭绍滨、章寅；后排左起：刘宁、张剑文、张明智、林鹭、杨帆、李瑜）

2020年6月，全院在职教职工105人，其中专任教师86人，工程技术人员4人，党政管理人员13人，国家天元数学东南中心专任秘书2人。

在专任教师中，教授37人：白正简、陈健敏、陈吕萍、程金发、程立新、程庆进、丁昌明、杜魁、杜拴平、金贤安、李安、林群、林亚南、刘继春、刘轼波、刘文飞、钱建国、邱春晖、邱建贤、谭忠、谭绍滨、王海斌、王清、王焰金、伍火熊、夏超、熊涛、许传炬、严荣沐、杨东勇、余世霖、张文、张剑文、张中新、钟春平、朱玉峻、庄平辉；副教授33人：白朝芳、曹娟、陈东阳、陈福林、陈桂芝、陈竑焘、陈黄鑫、陈娴、杜妮、黄灿、黄文、黄荣坦、黄雪莹、李锦堂、梁薇、林鹭、林涛、林建希、林玉闽、刘龙城、刘青霞、罗珍、容志建、宋翀、宋宇萍、王文元、吴聪敏、徐新英、闫卫平、杨波、余铌娜、周达、祝辉林；助理教授16人：蔡国财、陈新香、方明、贺飞、胡杰、黄宏伟、李伟、连政星、林建华、刘卫平、吕楹、阮诗佺、王坚勇、王金花、薛学梅、杨维玲。

工程技术人员4人：郭淑敏、雷玉娟、林煜、苏森福。

党政管理人员13人：曹璐、陈国强、陈李媛、陈淑铌、高春玲、黄宝秋、黄晨龙、林智雄、刘宁、欧阳雯思、吴纲民、于正伟、郑丽萍。

国家天元数学东南中心专任秘书2人：魏佳、叶滟。

至2020年5月，学院离退休教职工56人：蔡宝治、蔡晖、蔡丽娟、蔡忠俄、曹镇潮、陈昌明、陈发强、陈鹄汀、陈景辉、陈叔瑾、戴跃进、高琪仁、龚显宗、辜联昆、郭晓峰、郝剑华、黄秀莲、黄渊河、黄约德、李轮焕、李时银、李渝澜、李再成、梁益兴、林大兴、林光荣、林鸿庆、林建华、林江河、林雪娥、林亚瑛、林应标、刘青、卢琳璋、罗美琼、潘建康、邱曙熙、佘维山、吴世山、肖及美、许清泉、许肖华、宣飞红、杨佳仪、杨照南、姚宗元、曾吉文、曾晓慧、曾晓明、张福基、张莲珠、赵俊宁、郑耀辉、钟同德、庄琼珊、邹恒富。

厦门大学数学学科近百年历程，砥砺前行，伴随中国数学事业和数学教育事业的发展步伐，融入厦门大学十秩峥嵘，凝聚一代代厦门大学数学人的努力与奉献。当今，在民族振兴的伟大征程中，厦门大学数学人将坚守初心、继往开来。

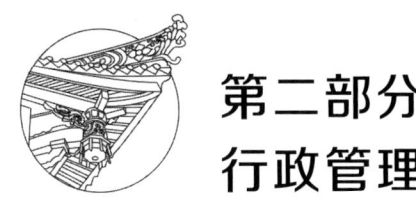

第二部分
行政管理

一、组织机构沿革

厦门大学建校之初,数学无专门建制,学校根据当时的师资条件,仅开设"代数""三角函数"课程。随着学科组织进一步规范和师资力量增长,学校分别设立文科、理科、教育科、工科、新闻科和预科,至 1923 年 6 月又将工科并入理科,并在理科之下设 6 个学系,算学系即为当时 6 个学系之一,这便是今天数学科学学院的肇始。创办时期的算学系规模较小,但受时局影响,加上学校重金礼聘,吸引了不少知名教授前来任教。1924 年,留美学者黄汉和(任期 1924—1928)受聘,代理算学系主任。1926 年,算学系聘任哈佛大学博士、我国近代数学开创者之一、几何学家、原南开大学数学系教授兼数学系主任姜立夫(任期 1926—1927)来校任系主任。1928 年,由我国早期从事现代数论和代数学教学与研究的学者杨武之(任期 1928—1929)代理系主任。

1930 年 2 月,学校遵照国民政府教育部令,重新修订《组织大纲》,调整院系设置,全校设 5 个学院 21 个学系,理科改名为理学院,算学系改为数学系,是理学院 6 个学系之一。留法学者周澄南(任期 1930-02—1930-11)、张希陆(任期 1930-11—1936)(张希陆是张伯苓之子,来校前为南开大学数学系教授)先后担任系主任。此时数学系规模较小,1930 年全系学生仅有 6 人,但课程体系已较为完备,门类较齐全,学生培养质量较高,四川大学原校长柯召是当时数学系学生。

1934 年,受世界经济环境的影响,校主陈嘉庚的实业面临困境,学校办学经费出现困难,遂逐步精简机构,缩减院系。受此影响,1936 年 4 月数学系与物理系合并为数理系,菲律宾大学毕业的数学硕士林觉世(任期 1936-04—1938)担任系主任。

全面抗战爆发后,学校内迁长汀。1938年秋季开学后,学校重新确定院系组织,全校设文、理、商3学院,理学院下设数理、化学、生物、土木工程4系。内迁后数理系主任最初由校长萨本栋兼任(任期1938年秋至1939年),后又先后由光学专家谢玉铭(1939—1942)、理论物理学家周长宁(1943年至1944年春)担任。1945年底,学校重新恢复在厦门办学,着力理工科发展,数理系得到充实,多位知名教授来系任教,系主任更换也较为频繁,1945—1949年期间谢玉铭(兼)、陈世昌、章元石、黄苍林、古文捷、黄启显先后任系主任。临解放至1950年,理学院院长卢嘉锡兼任数理系主任。抗美援朝爆发后,1951年春到1952年春,由方德植教授代理系主任职务。

中华人民共和国成立后,经过3年的努力,国民经济得到全面恢复和发展,1953年开始实行第一个五年计划。为适应大规模经济建设对人才的需要,改变高等教育布局不合理等状况,中央提出整顿和加强综合大学的方针,厦门大学1952年8月开始进行大规模院系调整。学校先是将数理系分设数学、物理两组(陈景润当时即为数学组学生),1952年6月,学校恢复成立数学系,首任系主任为方德植(任期1951年春至1960年)。方德植担任系主任期间是数学系朝气蓬勃、快速发展的阶段。数学系成立当年教师共计14人,录取新生60多人,超过以往毕业学生的总和,其中包括数学家林群院士。1953年,根据教育部进一步明确综合性大学的教学与科研任务的指示,学校要求各系都要组建教研组,数学系成立3个教研组,分别为基本数学教学小组、函数论教学小组与科学研究小组。到1956年,数学系又设置了"微分几何""复变函数论""多复变函数""泛函分析与常微分方程"等专门化课程。教师们除了负责本系课程,还承担全校的高等数学课程教学任务。1952年6月7日,中国数学会厦门分会成立大会在厦门一中举行。1954年1月,中国数学会厦门分会创办了《厦门数学通讯》,编辑部设在厦门大学数学系。1956年,学校成立华侨函授部,由方德植兼任主任,数学系教师承担数学专修科全部教学任务,并编写了从初等数学到高等数学各门课程教材。1953年9月,数学系成立党支部,支部书记为吴修华(任期1953-09—1960-01);1959年起,王瑞任党支部副书记(任期1959—1960-05)。

1958年4月,中共中央出台《关于高等学校和中等技术学院下放问题的意见》,提出把高校管理权下放给地方,同时伴随着社会经济和科学技术的进一步发展,学校遂进行体制机构和专业调整,数学系又增设计算数学、概率统计、数学物理方程、运筹学等学科方向,为数学系后来设置计算数学和应用数学两个专业提供了基本条件。1960年,数学系承担筹建福州大学数学系任务,从全系教师中抽调一半到福州大学工作,师资力量受到很大影响,但数学系的建设发展仍在推进。1962年,方德植开始招微分几何研究生。1965年,先后增设概率统计、数理方程和学力学3个专门化学科,全系总共8个专门化学科。1966年,全系教师49人,其中教授1人,副教授5人,讲师8人,助教35人;学生人数超过400人。1960年,方德植因故被撤销系主任之后,林鸿庆先后代理系主任(1960—1962及1964—1966)、林坚冰(1962—1964)。

"文革"开始后,数学系教学科研陷入停顿。1970—1977年开办工农试点班,在此期间数学系设数学、控制理论两个专业,数学专业分为统计预报和水工结构两个方向。1973年底恢复系主任建制,蔡声坅任系主任(1973年底至1977年底),此时全系教师89人,学生约200人。

1977年底,教学秩序恢复正常,黄国柱(1977年底至1979年)任系主任,数学系招收数学和控制理论两个专业本科生112人。1977年12月,学校决定正式恢复公共数学教研室,归属数学系。1978年,数学系开始招微分几何、控制理论、位势论、偏微分方程、多复变函数和微分方程定性理论等方向的硕士研究生。

1953—1978年,数学系党的建制多次调整。1960年1月,中共厦门大学数学系支部升格为中共厦门大学数学系党总支,颜松滨(任期1960-01—1969-02)任中共厦门大学数学系党总支书记。同年5月,蔡维璇(任期1960-05—1969-02)、林鸿庆(任期1960-05—1969-02)任数学系党总支副书记。1969年底,恢复设置中共厦门大学数学系支部,赖日旺(任期1969年底至1973年10月)任数学系党支部书记;1970年6月,陈木叶(任期1970-06—1979-06)任数学系党支部任副书记。1973年10月,中共厦门大学数学系支部改为中共厦门大学数学系党总支,蔡声坅(任期1973-10—1978-07)代理党总支书记,兰福谦(任期1973-11—1980-02)、陈顺辉(任期1974年9月至1977年底)任副书记。

党的十一届三中全会以后,数学系顺势而为、乘势而上,及时调整发展步伐和方向,积极完善党政领导、专业设置、师资队伍,办学质量和综合实力有了较大提升。1979年11月,方德植(任期1979-11—1984-11)再次出任系主任,方勤(任期1978-11—1984-11)任党总支书记。1978年,数学系增设计算数学专业,1981年增设计算机软件专业。1982年春,控制理论和计算机软件两个专业教师和学生另行建立计算机科学系,数学系仅保留数学和计算数学两个专业,全系教职工共计81人。1985年5月,增设应用数学专业,连同原来的数学专业和计算数学及其软件专业共3个专业。1981年12月,国务院批准全国首批博士、硕士学位授予单位,数学系基础数学、运筹学与控制论两个专业获硕士学位授予权;1986年1月,国务院批准第三批博士和硕士学位授予单位及学科,概率论与数理统计获硕士学位授予权。此外,数学系从1985年开始招收港澳台学生和外国留学生。1987年,开始举办数学专业函授专科班。

经过几年迅速恢复,数学系步入事业发展轨道,凭借科研基础良好、专业设置合理、师资力量充实、人才培养质量高,数学系再展学术高地的风采。当时的数学系已设有数学、应用数学、计算数学及其应用软件3个本科专业,基础数学、概率论与数理统计、运筹学与控制论3个研究生专业,恢复设立数学研究所(1994年设立数学研究所,陈文忠兼任所长,1996年聘任林群院士为所长)。1990年10月,数学系计算数学专业获硕士学位授予权。1998年6月,基础数学获得博士学位授予权。

系党政领导班子也更加健全完备,林鸿庆(任期1984-11—1991-11)、陈文忠(任期1991-11—1996-01)、梁益兴(任期1996-01—2001-06)、赵俊宁(任期2001-06—2003-11)先后任数学系系主任。许汝霖(任期1986-11—1993)、胡南桦(任期1991-11—1996-01)、林亚南(任期1996-01—2003-12)、董槐林(任期1996-01—2002-03)、程立新(任期2001-06—2003-12)、谭绍滨(任期2002-03—2003-12)先后任系副主任。谢德平(任期1984-11—1991-02)、佘维山(任期1991-02—2001)、林建德(任期2001—2002)、梁卫中(任期2002—2004-04)先后任党总支书记。陈炳三(任期1981-12—1984-11)、黄国柱(任期1980-02—1982-01)、佘维山(任期1984-11—1991-02)、龚显宗(任期1991-10—1996-10)、黄渊河(任期1996-10—2004-04)先后任党总支副书记。

2003年8月,为扩大办学规模、对接校院二级管理体制、抓住学科发展的重要机遇,数学系领导班子向学校提交《关于成立厦门大学数学科学学院的具体计划》。2003年11月,经校长办公会研究,同意成立厦门大学数学科学学院,党政领导岗位设置为院长1个、副院长3个、党委书记1个、党委副书记2个。原数学系主任赵俊宁(任期2003-12—2007-12)任数学科学学院院长,林亚南(任期2003-12—2004-03)、程立新(任期2003-12—2013-01)、谭绍滨(任期2003-12—

2007-12)任副院长。2004年4月,中共厦门大学数学系党总支依照2003年11月校长办公会决定,正式升格为中共厦门大学数学科学学院委员会,梁卫中(任期2004-04—2007-12)任党委书记,黄渊河(任期2004-04—2007)和谭忠(任期2004-04—2012-12)任党委副书记。2005年4月,学校任命许肖华(任期2005-04—2008-03)为党委副书记。

2004年2月,学校发布《关于厦门大学法学院、公共事务学院、数学科学学院机构设置的通知》,数学科学学院设立数学与应用数学系、信息与计算数学系和厦门大学公共数学教学部,撤销原数学系。3月,学校发布《关于数学与应用数学系等单位领导岗位设置方案的通知》,数学与应用数学系设主任、副主任岗位各1个,信息与计算数学系设主任、副主任岗位各1个。5月,学校批复同意钱建国(任期2004-05—2008-06)为数学与应用数学系副主任,卢琳璋(任期2004-05—2013-02)为信息与计算数学系主任、刘发旺(任期2004-05—2008-06)为信息与计算数学系副主任。2006年5月,学校批复同意邱春晖(任期2006-05—2008-06)为数学与应用数学系主任。2007年12月,学校任命张明智(任期2007-12—2018-01)为学院党委书记,梁卫中调任漳州校区管委会副主任。

2008年1月,学院行政领导班子换届,林亚南(任期2008-01—2017-10)任院长。程立新(任期2008-01—2013-01)、邱春晖(任期2008-01—2017-10)、许传炬(任期2008-01—2017-10)任副院长。系级领导任职情况:卢琳璋任信息与计算数学系主任,钱建国(任期2008-06—2013-02)任数学与应用数学系主任,庄平辉(任期2008-06—2013-02)任信息与计算数学系副主任,严荣沐(任期2008-06—2013-02)任数学与应用数学系副主任。2008年4月,学院党委领导班子换届。学院召开党员大会,选举张明智为书记、谭忠为副书记,许肖华因年龄原因不再担任副书记。2011年5月,学校任命郑诚明(任期2011-05—2015-06)为学院党委副书记。

2011年11月,学院成立概率与数理统计系。2012年4月,刘继春(任期2012-04—2018-05)任概率与数理统计系主任,黄荣坦(任期2012-04—2018-05)任副主任。2012年1月,学校发布《关于成立计算与应用数学中心的通知》(厦大人〔2012〕8号),同意成立厦门大学计算与应用数学中心,机构不列级别,不增编制,隶属数学科学学院。2013年3月,学院获批建设福建省数学建模与高性能科学计算重点实验室。

2013 年 1 月,学校任命新一届学院行政领导班子,林亚南续任院长,邱春晖、许传炬、钱建国(任期 2013-01—2017-10)任副院长。2013 年 2 月起,系级领导任职情况:金贤安(任期 2013-02—2018-05)任数学与应用数学系主任,刘轼波(任期 2013-02—2018-05)任数学与应用数学系副主任;邱建贤(任期 2013-02—2018-05)任信息与计算数学系主任,杜魁(任期 2013-02—2018-05)任信息与计算数学系副主任;学院党政联席会议决定钟春平任公共数学教学部主任。2013 年 11 月,经学校批复正式成立系级单位公共数学教学部,经组织公开选任,钟春平(任期 2014-03—2018-05)仍担任公共数学教学部主任。2013 年 7 月,学校任命张剑文(任期 2013-07—2018-01)为党委副书记。2014 年 3 月,学院党委换届,选举张明智为书记,郑诚明、张剑文为副书记。2015 年 6 月,郑诚明调任物理机电工程学院党委副书记。2016 年 8 月,学校任命刘宁(任期 2016-08—2020-07)为学院党委副书记。

2017 年 10 月,学院行政班子换届,学校任命校长助理、国际合作与交流处处长谭绍滨(任期 2017 年 10 月至今)兼任院长,张剑文(任期 2017 年 10 月至今)、邱建贤(任期 2017 年 10 月至今)、金贤安(任期 2017 年 10 月至今)任学院副院长。2017 年 12 月,学校任命黄宝秋(任期 2017 年 12 月至今)为学院党委书记,陈国强(任期 2017 年 12 月至今)任副书记,张明智调任生命科学学院党委书记。2018 年 5 月学院党委换届,党员大会选举黄宝秋为党委书记,陈国强、刘宁为副书记。2018 年 5 月起,杜魁(任期 2018 年 5 月至今)任信息与计算数学系主任,夏超(任期 2018 年 5 月至今)任数学与应用数学系主任,周达(任期 2018 年 5 月至今)任概率与数理统计系副主任(主持工作),陈黄鑫(任期 2018 年 5 月至今)任信息与计算数学系副主任,杜妮(任期 2018 年 5 月至今)任数学与应用数学系副主任,王文元(任期 2018-05—2020-04)任概率与数理统计系副主任。

2017 年,学院酝酿申报国家天元数学东南中心。2018 年,学院正式向国家自然科学基金委提出申报建设国家天元数学东南中心。2018 年 11 月,国家天元数学东南中心正式获批,是当时批准设立的 4 个国家天元数学中心之一。2019 年 1 月 8 日,国家天元数学东南中心在厦门大学揭牌启动。中心学术委员会主任为田刚(北京大学),副主任为励建书(浙江大学、香港科技大学)、汤涛(南方科技大学),秘书为谭绍滨(厦门大学);中心执行委员会主任为谭绍滨(厦门大学),副主任为包刚(浙江大学)、陈兵龙(中山大学)、范更华(福州大学),秘书为邱建贤(厦门大学)、朱玉峻(厦门大学)。

二、历任领导名录

1923—1930 算学系

系主任:黄汉和(1924—1925)、姜立夫(1926—1927)、杨武之(1928—1929)。

1930—1936 数学系

系主任:周澄南(1930-02—1930-11)、张希陆(1930-11—1936)。

1936—1952 数理系

系主任:林觉世(1936-04—1938)、萨本栋(1938 年秋至 1939 年)、谢玉铭(1939—1942)、周长宁(1943 年至 1944 年春)、谢玉铭、陈世昌、古文捷、卢嘉锡、黄苍林、崔九卿、黄启显(1945—1949)、卢嘉锡(临解放至 1950 年)、方德植(1950 年 9 月至 1952 年春代理)。

1952—2003 数学系

1952—1960

系主任:方德植(1952 年春至 1960 年)。

党支部书记:吴修华(1953-09—1960-01)。

党支部副书记:王瑞(1959—1960-05)。

1960—1977

系主任:林鸿庆(1960—1962 代理)、林坚冰(1962—1964 代理)、林鸿庆(1964—1966 代理)、蔡声扮(1973 年底至 1977 年底)。

党(总)支部书记:颜松滨(1960-01—1969-02)、赖日旺(1969 年底至 1973 年 10 月)、蔡声扮(1973-10—1978-07)。

党(总)支部副书记：蔡维璇(1960-05—1969-02)、林鸿庆(1960-05—1969-02)、赖日旺(1965-09—1969-02)、陈木叶(1970-06—1979-06)、兰福谦(1973-11—1980-2)、陈顺辉(1974年9月至1977年底)。

1977—1991

系主任：黄国柱(1977年底至1979年)、方德植(1979-11—1984-11)、林鸿庆(1984-11—1991-11)。

党总支部书记：方勤(1978-11—1984-11)、谢德平(1984-11—1991-02)。

党总支部副书记：黄国柱(1980-02—1982-01)、陈炳三(1981-12—1984-11)、佘维山(1984-11—1991-02)。

1991—2003

系主任：陈文忠(1991-11—1996-01)、梁益兴(1996-01—2001-06)、赵俊宁(2001-06—2003-11)。

系副主任：许汝霖(1991-11—1993)、胡楠桦(1991-11—1996-01)、梁益兴(1993—1995-12)、董槐林(1996-01—2002-03)、林亚南(1996-01—2003-12)、程立新(2001-06—2003-12)、谭绍滨(2002-03—2003-12)。

党总支部书记：佘维山(1991-02—2001)、林建德(2001—2002)、梁卫中(2002—2004-04)。

党总支部副书记：龚显宗(1991-10—1996-10)、黄渊河(1996-10—2004-04)。

2003年至今数学科学学院

2003-11—2008-01

院长：赵俊宁(2003-12—2007-12)。

副院长：林亚南(2003-12—2005-03)、谭绍滨(2003-12—2007-12)、程立新(2003-12—2013-01)。

党委书记：梁卫中(2004-04—2007-12)。

党委副书记：黄渊河(2004-04—2007)、谭忠(2004-04—2012-12)、许肖华(2005-03—2008-03)。

信息与计算数学系：主任卢琳璋(2004-05—2013-02)、副主任刘发旺(2004-05—2008-06)。

数学与应用数学系：主任邱春晖(2006-05—2008-06)、副主任钱建国(2004-05—2008-06)。

2008-01—2013-01

院长：林亚南(2008-01—2017-10)。

副院长：程立新(2003-12—2013-01)、邱春晖(2008-01—2017-10)、许传炬(2008-01—2017-10)。

党委书记：张明智(2007-12—2018-01)。

党委副书记：谭忠(2004-04—2012-12)、郑诚明(2011-05—2015-06)。

信息与计算数学系：主任卢琳璋(2004-05—2013-02)、副主任庄平辉(2008-06—2013-02)。

数学与应用数学系：主任钱建国(2008-06—2013-02)、副主任严荣沐(2008-06—2013-02)。

概率与数理统计系：主任刘继春(2012-04—2018-05)、副主任黄荣坦(2012-04—2018-05)。

2013-01—2017-10

院长：林亚南(2008-01—2017-10)。

副院长：邱春晖(2008-01—2017-10)、许传炬(2008-01—2017-10)、钱建国(2013-01—2017-10)。

党委书记：张明智(2007-12—2018-01)。

党委副书记：郑诚明(2011-05—2015-06)、张剑文(2013-07—2018-01)

信息与计算数学系：主任邱建贤(2013-02—2018-05)、副主任杜魁(2013-02—2018-05)。

数学与应用数学系：主任金贤安(2013-02—2018-05)、副主任刘轼波(2013-02—2018-05)。

概率与数理统计系：主任刘继春(2012-04—2018-05)、副主任黄荣坦(2012-04—2018-05)。

公共数学教学部：主任钟春平(2014-03—2018-05)。

2017 年 10 月至今

院长：谭绍滨(2017 年 10 月至今)。

副院长：张剑文(2017 年 10 月至今)、邱建贤(2017 年 10 月至今)、金贤安(2017 年 10 月至今)。

党委书记：黄宝秋(2017 年 12 月至今)。

党委副书记：刘宁(2016-08—2020-07)、陈国强(2017 年 12 月至今)、丁昌利(2020 年 7 月至今)。

信息与计算数学系：主任杜魁(2018 年 5 月至今)、副主任陈黄鑫(2018 年 5 月至今)。

数学与应用数学系：主任夏超(2018 年 5 月至今)、副主任杜妮(2018 年 5 月至今)。

概率与数理统计系：副主任(主持工作)周达(2018 年 5 月至今)、副主任王文元(2018-05—2020-04)。

公共数学教学部：主任庄平辉(2018 年 5 月至今)。

第三部分
学科和平台

一、数学一级学科博士学位授权点

厦门大学数学学科招收研究生的时间始于 1962 年。方德植招收 2 名基础数学专业微分几何方向的研究生,分别为林贻谋、魏献祝,这是数学系培养的首批研究生。

20 世纪 60 年代末至 70 年代中后期,由于"文革"原因,研究生教育中断。1978 年重新恢复研究生招生。1978 年,共招收 10 名硕士研究生:陈鉴炘、高鸿桢、何文华、邱曙熙、吴炯圻、叶仰明、殷鼎国、郁克敏、王志雄、郑应文,均为基础数学学科,研究方向分别为微分几何、控制理论、位势论、偏微分方程、复变函数、微分方程定性理论,导师为方德植、李文清、厉则治、张鸣镛、幸联昆、钟同德等。1981 年 12 月,国务院学位委员会审核批准全国首批博士、硕士学位授予单位,厦门大学数学学科获基础数学、运筹学与控制论 2 个学科的硕士学位授予权;1986 年获概率论与数理统计硕士学位授予权;1990 年获计算数学学科硕士学位授予权。1998 年,经国务院学位委员会第十六次会议审核批准新增学位授权单位和授权点名单,厦门大学数学学科获基础数学学科博士学位授予权。1999 年,数学学科招收 2 名基础数学学科博士研究生:曾晓明、滕岩梅,导师分别是赵俊宁教授、程立新教授,这是厦门大学数学学科培养的首批博士研究生,均于 2002 年 6 月毕业并获博士学位。2003 年,国务院学位委员会第二十次会议审议批准,厦门大学获数学一级学科博士学位授予权,涵盖基础数学、计算数学、概率论与数理统计、应用数学、运筹学与控制论 5 个二级学科博士点和硕士点。2013 年,经学校批准,国务院学位委员会备案,增设交叉学科"计算科学",培养具有数学、物理、材料等学科交叉背景的研究生,并于 2016 年开始单独招收博士研究生和硕士研究生。2020 年初,学校根据学科发展需要,将"计算科学"调整并入"航天航空工程"交叉学科平台。

目前，厦门大学数学学科方向比较齐全。代数学与代数几何、泛函分析与非线性分析、调和分析、复分析与复几何、微分几何与几何分析、偏微分方程、微分方程与动力系统、计算数学与数值代数、图论与组合、运筹与优化、概率论与数理统计等主要研究方向形成团队，具有鲜明特色和较高显示度，拥有一支学缘、年龄结构合理，富有活力的高水平师资队伍。截至 2020 年 6 月，厦门大学数学学科共有专任教师 86 人，其中教授 37 人，副教授 33 人，博士生导师 31 人，具有博士学位的教师占比 96%，具有 1 年以上海外留学或工作经历的教师占比 67%；拥有国务院学位委员会学科评议组成员 1 人，国家"万人计划"领军人才 1 人，国家级教学名师奖获得者 1 人，国家高层次青年人才 6 人，教育部"新（跨）世纪优秀人才培养计划"入选者 5 人，"闽江学者"特聘教授 6 人，"陈景润数学特聘教授" 2 人，福建省"百人计划"、省"高校领军人才"、省"教学名师"、省"新世纪优秀人才培养计划"入选者、省杰出青年科学基金获得者等 23 人次。以国家高层次青年人才为代表的一批年轻教师在国际数学界崭露头角，快速成长为学术骨干或学科带头人。

厦门大学数学学科的研究生培养质量逐年提升。已培养毕业的博士研究生曾获全国百篇优秀博士论文奖、全国百篇优秀博士论文提名奖、教育部博士研究生学术新人奖、卢嘉锡优秀研究生奖、福建省优秀博士学位论文奖，入选博士后创新人才支持计划（简称"博新计划"）。博士毕业生参加工作后，迅速成长为所在单位的教学科研业务骨干，涌现出一批学术新星。多名博士毕业生近年入选国家高层次青年人才项目或福建省省级人才计划项目，获得相关领域重要的学术表彰奖励。

学科当前主要研究方向和科研团队（带 * 的为博士生导师）如下所述。

（一）基础数学研究方向

（1）复分析与复几何：邱春晖*、钟春平*、严荣沐、陈吕萍、杨波。

（2）代数学与代数几何：林亚南*、谭绍滨*、刘文飞*、王清*、陈健敏*、余世霖*、杜妮、陈福林、余铌娜、阮诗佺。

（3）微分几何与几何分析：夏超*、李锦堂、宋翀、宋宇萍、贺飞、蔡国财、吕楷。

（4）偏微分方程：谭忠*、张剑文*、王焰金*、徐新英、罗珍、王金花。

（5）泛函分析与非线性分析：程立新*、刘轼波*、张文*、程庆进*、白朝芳、杜拴平、陈东阳。

(6)调和分析:伍火熊*、杨东勇*、黄宏伟。

(7)微分方程与动力系统:朱玉峻*、丁昌明*、程金发、张中新、闫卫平、连政星。

(二)计算数学研究方向

(1)偏微分方程数值解及其应用:许传炬*、邱建贤*、熊涛*、陈黄鑫*、林群、庄平辉、吴聪敏、容志建、林玉闽、陈竑焘、黄灿。

(2)数值代数:白正简*、杜魁*、黄文、陈桂芝、林鹭。

(3)计算几何与逼近论:曹娟*、王坚勇。

(三)概率论与数理统计研究方向

(1)概率论与应用概率:林涛、林建希、方明。

(2)应用统计:刘继春*、王海斌*、黄荣坦、周达、梁薇、胡杰、薛学梅。

(3)金融数学:谭忠*、王文元。

(4)保险精算:王文元、陈新香、林建华。

(四)应用数学研究方向

(1)组合图论:钱建国*、金贤安*、杨维玲、刘龙城。

(2)随机微分方程及其应用:谭忠*、陈娴。

(3)计算生物数学及生物工程:黄雪莹。

(4)大数据分析与建模:谭忠*。

(五)运筹学与控制论研究方向

(1)非光滑优化:李安*。

(2)组合优化:刘龙城。

二、数学博士后流动站

厦门大学数学博士后流动站于 2003 年批准设站,依托厦门大学数学科学学院数学一级学科博士学位授权点,涵盖基础数学、计算数学、概率论与数理统计、应用数学、运筹学与控制论 5 个二级学科。流动站所涉及的主要研究方向有以下几个。

(一)基础数学研究方向

(1)李代数。
(2)代数表示论。
(3)泛函分析。
(4)偏微分方程。
(5)多复变函数。
(6)动力系统。
(7)复几何。
(8)几何分析。

主要研究工作:无穷维李代数的结构与表示理论、顶点算子代数理论、有限维结合代数的表示理论、泛函分析及应用、几何分析、流体力学/分子动力学偏微分方程数学理论、多复变与复几何、动力系统与遍历理论。

主要博士生导师:陈健敏、程立新、程庆进、林亚南、刘轼波、刘文飞、邱春晖、谭绍滨、谭忠、伍火熊、王清、夏超、余世霖、张剑文、张文、钟春平、朱玉峻。

(二)计算数学研究方向

(1)数值代数。
(2)偏微分方程数值分析。
(3)计算流体力学。

主要研究工作:偏微分方程的数值方法及其应用、多尺度并行计算、计算流体力学、数值线性代数、结构矩阵方面的计算问题和一些特殊矩阵方程的数值解法、应用数值代数、反特征值问题,以及算子逼近论、曲线与曲面造型等方向。

主要博士生导师:白正简、曹娟、陈黄鑫、杜魁、邱建贤、熊涛、许传炬。

(三)概率论与数理统计方向

(1)时间序列分析。
(2)多元分析。
(3)统计相依。

主要研究工作:金融时间序列分析、金融数学、非参数和半参数统计模型、广义潜在变量模型、高等数理统计、应用随机过程、随机过程。

主要博士生导师:刘继春、王海斌。

(四)应用数学研究方向

(1)应用偏微分方程。
(2)组合数学、图论。

主要博士生导师:金贤安、钱建国、谭忠、王焰金、张剑文。

流动站自设站以来招收培养数学学科以及众多交叉学科领域的优秀博士后人员。2006—2019年,共招收博士后人员22名(含外籍博士后1人),出站16人。其中,入选"博士后创新人才支持计划"1人,获得国家自然科学青年基金1人,获得中国博士后科学基金资助项目4项,参与国家级科研项目10多项,发表高水平论文40多篇,取得丰硕的科研成果。

近年,为促进在站博士后科研人员多出高水平科研成果,学校和学院加强博士后工作管理,建立和健全有关规章制度,为博士后科研人员的工作、生活及成长创造良好的环境,待遇也得到极大提高。目前,数学流动站依托数学一级学科雄厚的师资队伍和厦大优美的学习环境,以国家引进和派出计划、国家"博新计划"为引领,常年向海内外宣传招收博士后人员。

三、统计学一级学科博士学位授权点

厦门大学统计学科历史悠久，由我国经济学泰斗王亚南先生设立于1950年，已有70余年历史。经过多年发展，其学科和专业设置结构完整，形成了以经济统计为主要特色的学科发展体系。自1987年起，厦门大学的经济统计学科连续3次被评为国家级重点学科，2007年又作为厦门大学"应用经济学"的重要组成部分获评国家一级重点学科。同时，厦门大学数学一级学科下的概率论与数理统计亦有长期的发展基础，在1986年就获得了概率论与数理统计专业硕士点，在数理统计方向具有鲜明特色。数学科学学院筹建初期就筹建概率论与数理统计本科专业和概率论与数理统计系。为实现这一目标，2001年11月学校批准成立"厦门大学精算学研究中心"，挂靠数学科学学院。当时主要研究方向包括风险管理与精算、定价理论、金融市场微观结构等。2002年开始依托精算学研究中心举办"精算与风险工程"研究生课程班。2011年，学校批复同意数学科学学院成立概率与数理统计系。2011年，为进一步整合厦门大学全校的统计学科资源，在保持原有学科特色和传统优势的同时，增强其师资力量，继续促进国内外学术交流和扩大影响力，加快厦门大学统计学科的建设步伐，经济学院与数学科学学院统计学科相关专业进行了学科调整，联合向国务院学位委员会申请，获得厦门大学统计学一级学科博士学位授权点。2013年，数学科学学院开始招收统计系专业本科生。经济学院统计学学生授经济学学位，数学科学学院统计学学生授理学学位。在2012年由教育部学位与研究生教育发展中心组织的一级学科评估中，厦门大学统计学科位列全国第三。

目前，厦门大学数学科学学院统计学科的在职教师有14人，其中教授2人，博士生导师2人，副教授5人，助理教授7人。在本学科教师中，博士学位获得者占总人数的92%，其中境外获得博士学位者2人。学科先后承担多项国家自然科学基金科研项目以及其他省部级科研项目。

学科主要研究方向和研究人员有：

（1）应用统计：刘继春（博士生导师）、王海斌（博士生导师）、周达、梁薇、胡杰、陈娴。

（2）数理统计：黄荣坦、薛学梅。

（3）保险精算：陈新香、林建希、方明、王文元。

自 2011 年起,数学科学学院统计学学科累计培养博士生 13 人,硕士生 84 人,为相关行业输送了大批有过硬数学背景的统计人才,受到用人单位好评。

四、统计学博士后流动站

厦门大学统计学博士后流动站批准成立于 2011 年,依托厦门大学统计学一级学科,挂靠经济学院与数学科学学院两个学院。经济学院统计学科侧重于经济统计相关研究,具有统计学国家级教学团队、国家级特色专业,出现了钱伯海、黄良文等在国内统计和经济学界享有盛誉的著名学者,在教学和科研方面获得了一系列重要的国家级和省部级成果奖,于 1987 年、2001 年和 2007 年连续 3 次被国家教委和教育部评为国家级重点学科。数学科学学院统计学科侧重于数理统计研究,主要研究方向有:

(1)时间序列分析。
(2)多元分析。
(3)统计相依。

主要研究工作:时间序列分析、金融计量、金融数学、非参数和半参数统计模型、结构方程模型、生物统计、统计相关性、风险管理、随机序列。

主要博士生导师:刘继春、王海斌。

招收博士后的主要对象是具有数学学习背景的相关专业博士生。

五、国家天元数学东南中心

国家天元数学东南中心由国家自然科学基金委员会于 2018 年 11 月批准设立。2019 年 1 月 8 日,国家天元数学东南中心在厦门大学举行启动暨揭牌仪式,进入运行阶段。天元数学中心项目以构建交流平台、促进合作与研究为主旨,以提升我国相关领域或专题的整体研究水平,形成优势研究方向,推动数学学科发展为目标。截至目前,我国已批准设立了西南、西北、东北、东南、中部 5 个天元数学中心。

国家天元数学东南中心依托厦门大学数学科学学院建设，福建省、浙江省、广东省、江西省、海南省的15所高校为共建单位。国家自然科学基金委员会每年资助运行经费300万元，厦门大学"双一流"校级重大专项为东南中心提供不低于1∶1配套的经费支持。

国家天元数学东南中心的建设目标在于：针对若干专题，通过系列学术活动，立足东南、面向世界，培养一流数学人才，取得一流科研成果，建成在国际上有重要影响，融合人才培养、合作研究、学术交流等功能的一流平台。一年多来，中心重点围绕数学及其应用领域中的"微分几何、复几何和几何分析""代数、代数几何、数论与表示论""偏微分方程理论与数值方法""离散数学与优化"等专题，通过多种形式的学术活动，如短课程、专题研讨会与专题讨论班、访问合作研究项目、名家讲堂和Colloquium等学术活动，招收博士后等，凝聚研究队伍，聚焦科学问题，充分深化国内外多领域专家间的合作，为培养青年学术骨干，推动我国东南地区数学学科发展做出了一定贡献。

国家天元数学东南中心共建单位15个：

福建师范大学、福州大学、广州大学、海南大学、海南师范大学、华南理工大学、华南师范大学、江西师范大学、南昌大学、南方科技大学、宁波大学、汕头大学、浙江大学、浙江师范大学、中山大学

东南中心第一届学术委员会：

主　　任：田刚

副主任：励建书、汤涛

委　　员：包刚、陈永川、范更华、方复全、励建书、沈捷、谭绍滨、汤涛、田刚、王长平、席南华、辛周平、袁亚湘、周向宇、朱熹平

秘　　书：谭绍滨

东南中心第一届执行委员会：

主　　任：谭绍滨

副主任：包刚、陈兵龙、范更华

委　　员：包刚、曹道民、陈兵龙、陈杰诚、丁惠生、范更华、黎稳、廖波、林亚南、

邱建贤、屈长征、谭绍滨、谭忠、汪祥、王长平、王晓明、王志刚、乌兰哈斯、朱长江

秘　书：邱建贤、朱玉峻

六、福建省数学建模与高性能科学计算重点实验室

福建省数学建模与高性能科学计算重点实验室于2012年开始筹备申报，2013年初被福建省科技厅批准立项建设，2015年通过福建省科技厅验收。实验室依托厦门大学，以计算数学为基础，整合计算化学、材料物理、能源、环境、生物、医药等研究领域。实验室的主要工作目标为：以实际需求为牵引，从基础研究入手，加强科学计算领域的重要基础科学问题研究，设计高效基础算法和建立满足实际精度要求的可计算模型以降低计算复杂度和减少计算量，显著提高利用计算机解决科学与工程问题的能力，满足实际应用不断增长的需求，特别是参与福建发展密切相关的先进计算技术应用研究。

实验室目前有固定人员28人，其中有正高职称的16人，流动人员（含博、硕士研究生，博士后，访问学者等）90人。2013—2019年，实验室成员主持国家自然科学基金项目52项，累计经费金额2625.5万元，福建省自然科学基金21项，累计经费金额155万元，获得福建省2019年自然科学奖二等奖1项。实验室学科交流活动频繁，仅2017—2019年3年间，举办学术会议11场，参会人数540余人，学术报告近128场，出国（境）访问99人次。

- 实验室主任：沈捷
- 实验室副主任：柳清伙、邱建贤（常务）、谭忠、许传炬
- 实验室学术委员会主任：鄂维南
- 实验室学术委员会成员：包刚、陈志明、黄云清、江松、赖明治、柳清伙、邱建贤、沈捷、舒其望、谭忠、汤涛、许传炬、张平文

七、学术期刊 Journal of Mathematical Study

Journal of Mathematical Study（《数学研究》，简称JMS)创刊于1954年1

月,原刊名为《厦门数学通讯》,作为 1952 年成立的中国数学会厦门分会会刊,除报道分会的会务外,还解决数学教学上的问题和帮助分会会员提高业务水平,推动闽南一带中等学校数学教育。刊载内容除分会每月所举办的讲座内容外,还包括关于教材和教法问题的体会或教学经验等、数学书评数学问题及解答、初等数学短篇创作、近代数学介绍及数学史等,读者对象为中学教师。当时,国内专门的数学期刊并不多。据中国数学会记载,除了中国数学会主办的《数学学报》《数学通报》《数学进展》,地方数学分会办的期刊只有 3 种:武汉分会 1950 年创刊的《数学通讯》,厦门分会 1954 年 1 月创刊的《厦门数学通讯》,西安分会 1954 年 4 月创刊的《数学学习》。

《厦门数学通讯》创刊号是油印本,印数 200 册;之后均为铅印。创刊初期,由钟同德(厦门大学)、陈圣德(福建师范学院)、廖祖刚(1928 年毕业于厦门大学算学系,中学教师)负责出版工作,不定期出版。1955 年,编辑单位除了原有的中国数学会厦门分会,还增加了厦门大学数学系,出版发行单位为厦门大学研究部编译科,印刷单位为厦门大学印刷厂,由厦门邮局总发行。1956 年,期刊改为季刊,读者可以通过邮局和新华书店订购。1957 年 6 月,中国数学会厦门分会召开第三届会员大会,在分会理事会下特设《厦门数学通讯》编辑委员会,聘请 6 位编辑委员:方德植、李文清、林振声、魏祖烈、张鸣镛、林鹏程,编辑部设在厦门大学数学系。1959 年停刊。

1954—1958 年《厦门数学通讯》5 年的出版数据

年　份	年度期数	年度刊文篇数	年度总页数	年出版册数
1954	3	22	93	1100
1955	2	11	73	1400
1956	4	31	154	6000
1957	4	29	154	10000
1958	4	28	168	9945
合计	17	121	642	28445

1979 年期刊复刊,读者对象为中学教师和大中学生以及广大数学工作者;目的在于解决数学教学上的问题,提高业务水平,普及现代数学、基础数学和应用数学的基本知识,为实现现代化服务;主要刊载内容未做变化。复刊当年只出

版 2 期，编辑单位为中国数学会厦门分会，出版单位为厦门市科学技术协会，由厦门市第二印刷厂印刷，原计划每期印刷 5000 份，后应读者要求，又每期增印了 30000 份。1980 年，期刊重新确定为季刊。1982 年读者对象稍做变化，以中学教师、大中学生和厂矿干部为主要对象。同年，出版了 2 期增刊：《基础数学概要》（上、下），由方德植主编，陈鹄汀、李轮焕、杨汉钊、刘恭远执笔。1983 年起增设《应用数学》专栏，刊登国内外以及应用于国民计划、企事业管理和产品质量控制与检验等方面的数学方法，读者对象为企事业管理人员、统计、财会人员以及有关的科技工作者。为了庆祝《厦门数学通讯》创办人方德植教授从事数学教育工作 50 周年，于 1984 年第一期出版了专辑；同年还出版一期增刊《懂一点计算机知识》，由黄国柱编著。经厦门市数学会与厦门大学数学系、计算机科学系商定，1986 年元月起，期刊改由厦门大学数学系和计算机科学系联合主办。因经费原因，1988 年，期刊由季刊改为半年刊。

1992 年，期刊更名为《数学研究记事》，英文刊名为 $Annals\ of\ Mathematical\ Researches$，刊名由卢嘉锡先生题写，主办单位为厦门大学，协办单位为山西师范大学、集美师专、厦门市数学学会。更名后刊登中英文论文，为综合性数学学术刊物，其宗旨是推进数学科学研究，及时报道数学理论成果与应用数学理论成果，主要刊载有关数学的创新论文、研究简报、综合论文和专题论述等，其读者对象是数学工作者、大专院校数学教师、理工科研究生、数学科学各专业高年级学生、有关科技工作者以及数学爱好者。

1994 年经福建省科委批准（闽科情〔1994〕16 号），期刊更名为《数学研究》，国内刊号由 CN 35-1126 更改为 CN 35-1177/O1，国际刊号由 ISSN 1005-1732 更改为 ISSN 1006-6837，主办单位仍为厦门大学，并得到山西师范大学、集美师专的资助，成为国际性、综合性数学类季刊。更名后第一期是 1993 年厦门国际实分析研讨会论文专辑，全部为英文论文。2004 年，主管单位改为厦门大学，主办单位为厦门大学数学科学学院和福建省数学学会，协办单位为山西师范大学。2009 年，福建省数学学会不再列为主办单位。

2014 年，《数学研究》进行全面改版，更改为全英文期刊，英文刊名仍为 $Journal\ of\ Mathematical\ Study$（简称 JMS），山西师范大学不再为协办单位。改版后的期刊更新办刊理念，与国际接轨，成立了新的编委会，并聘请国际知名数学家沈捷教授为主编、关波教授为副主编，邀请来自 6 个国家的 53 位数学家作为编委会成员,其中包含 4 位中科院院士、15 位获国家杰出青年科学基金获得者和 25 位外籍学者。期刊来稿全面实行编委负责(推荐)制。截止到 2019 年 12 月,改版后的 JMS 已出版 6 卷 24 期,其刊载内容同时被 Emerging Sources Citation Index、万方、超星等多个数据库收录。2019 年,JMS 进入中国科学院文献情报中心期刊分区。

期刊历任主编为方德植(1983—1985),陈文忠(1986—1998),林群(1999—2013),沈捷、关波(共同主编,2014—2018),沈捷(2019 年至今)。

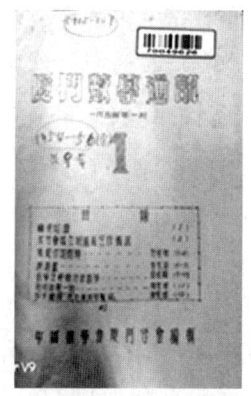 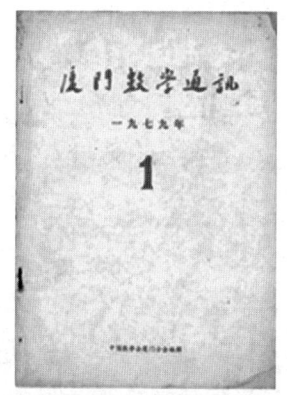 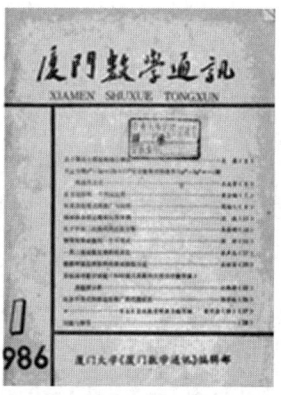

  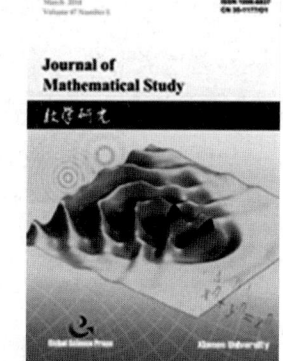

期刊历年封面

第四部分 本科教学

一、专业设置

入学年份	所设专业
1952—1958 年	数学
1959—1961 年	数学、数学(五年制)
1962—1965 年	数学
1966—1971 年	
1972—1977 年	数学、控制理论
1978 年	数学、控制理论、数学系扩招班(专科)、数学系进修生(回炉生)
1979—1981 年	数学、控制理论①、计算数学
1982—1984 年	数学、计算数学
1985 年	数学、应用数学、计算数学与应用软件
1986 年	数学、应用数学
1987—1989 年	数学、计算数学与应用软件
1990—1992 年	数学、应用数学、计算数学与应用软件
1993 年	数学、应用数学、计算数学及其应用软件
1994 年	数学、应用数学、计算数学及其应用软件
1995 年	数学、应用数学、计算数学

---

① 1978—1981 年以数学系控制理论专业入学学生,1982 年转入计算机科学系。

续表

入学年份	所设专业
1996 年	数学、应用数学、计算数学及其应用软件
1997 年	数学、数学及应用数学、信息与计算科学
1998—2000 年	数学与应用数学、信息与计算科学
2001—2004 年	数学与应用数学、信息与计算科学、数学与应用数学(师范类)
2005—2012 年	数学与应用数学、信息与计算科学
2013 年至今	数学与应用数学、信息与计算科学、统计学

二、课程、教材与专著

(一)课程设置

1952 级

数学专业：数学分析、解析几何、物理、高等代数、微分方程、微分几何、复变函数论、数学物理方程、几何基础、变分法、泛函分析。

1953 级

数学专业：数学分析、解析几何、物理、高等代数、微分方程、微分几何、复变函数论、数学物理方程、几何基础、变分法、实变函数论、微分方程的定性理论、理论力学、教育学、普通物理实验。

1954 级

数学专业：数学分析、解析几何、物理、高等代数、微分方程、微分几何、复变函数论、数学物理方程、变分法、实变函数论、微分方程的定性理论、理论力学、制图学、数学实习。

1955 级
数学专业：数学分析、解析几何、物理、高等代数、微分方程、微分几何、复变函数论、数学物理方程、变分法、实变函数论、理论力学、制图学、数学实习、概率论。

1956 级
数学专业：数学分析、解析几何、物理、高等代数、微分几何、复变函数论、实变函数论、理论力学、数理方程、概率论、计算数学、泛函分析在数理方程中的应用、混合型方程。

1957 级
数学专业：数学分析、解析几何、物理、高等代数、复变函数论、微分方程、实变函数论、数理方程、计算方法、泛函分析在数理方程中的应用、数理方程补充、统计数学、线性代数。

1958 级
数学专业：基本数学、影射几何与线性代数、物理、电工基础、电子器件、无线电基础、放大及整流设备、脉冲设备、高等数学补充、无线电测量、函数论、实变函数论、微分几何、测度论、统计数学、数理方程、平稳过程、计算方法、理论力学、分析概率。

1959 级
数学专业：数学分析、解析几何与高等代数、函数论、物理、常微分方程、实变函数论、微分几何、统计数学、泛函分析、数理方程、计算方法、补充教材、复数分析、希尔伯特空间。
数学专业(五年)：数学分析、解析几何及高等代数、函数论、物理、常微分方程、实变函数论、微分几何、统计数学、泛函分析、数理方程、计算方法、多变数复函数论、拓扑引论、复变函数论补充教程、复流形。

1960 级

数学专业：函数论、几何与代数、线性规划、常微分方程、物理、微分几何、实变数函数论、复变数函数论、计算方法、概率论、分析补充教程、数学物理方程、复数分析、几何补充教程。

数学专业（五年）：函数论、几何与代数、线性规划、常微分方程、微分几何、实变数函数论、理论力学、立体力学、计算方法、流体力学、弹性力学、数学物理方程、黏性流体力学、液体波动理论。

1961 级

数学专业：函数论、解析几何、高等代数、物理、常微分方程、微分几何、复变数函数论、实变数函数论、计算方法、理论力学、数学物理方程、概率论。

数学专业（五年）：函数论、几何与代数、高等代数、物理、数学分析、微分几何、复变数函数论、实变数函数论、计算方法、理论力学、数学物理方法、抽象空间的绪论、巴拿哈代数、希尔伯特空间、专题报告。

1962 级

数学专业：数学分析、高等代数、解析几何、物理、常微分方程、复变数函数论、实变数函数论、微分几何、理论力学、概率论。

1963 级（三年）

数学专业：数学分析、高等代数、解析几何、物理。

1964 级（两年）

数学专业：数学分析、高等代数、解析几何、物理、常微分方程。

1965 级（一年）

数学专业：数学分析、解析几何、高等代数。

1976 级

数学专业：数学分析、高等代数、物理、力学、常微分方程、拓扑学、抽象代数、科研训练(一)、控制理论、抽象分析应用、复变函数论、微分几何、实变函数与泛函分析、概率论、偏微分方程。

控制理论专业：高等代数、数学分析、晶体管与脉冲技术、常微分方程、控制机原理、滤波理论、系统识别、科研训练(二)、控制理论、数理统计及其应用、数据结构、物理、复变函数论、实变函数与泛函分析、自动控制理论、概率统计、最佳控制理论、计算方法。

1977 级

数学专业：数学分析、高等代数、物理、力学、常微分方程、拓扑学、抽象代数、科研训练(一)、控制理论、抽象分析应用、复变函数论、微分几何、实变函数与泛函分析、概率论、偏微分方程。

控制理论专业：高等代数、数学分析、晶体管与脉冲技术、常微分方程、控制机原理、滤波理论、系统识别、科研训练(二)、控制理论、数理统计及其应用、数据结构、物理、复变函数论、实变函数与泛函分析、自动控制理论、概率统计、最佳控制理论、计算方法。

1978 级

数学专业：数学分析、高等代数、物理、力学、常微分方程、抽象代数、拓扑学、多复变函数论、算法语言、现代分析基础、实变与泛函、微分几何、复变函数、概率论、偏微分方程、计算方法。

数学系扩招班(专科)：高等代数、高等数学、晶体管与脉冲技术、检测技术、解析几何、物理、数值计算、控制机原理。

数学系进修生(回炉生)：抽象代数、拓扑学、计算方法、实变函数论、复变函数论、数学分析、偏微分方程、概率统计、常微分方程。

1979 级

数学专业：数学分析、高等代数、物理、物理实验、常微分方程、抽象代数、拓扑学、偏微分方程、算法语言、图论、模糊集论基础、解析几何、力学、复变函数论、实变与泛函分析、微分几何、概率论、数值计算。

计算数学专业：数学分析、高等代数、物理、物理实验、常微分方程、数值逼近法、实变与泛函、偏微分方程、偏微分方程数值解、解析几何、力学、复变函数论、数值代数、计算实习、连续介质力学、算法语言、有限元法的应用。

1980 级

数学专业：数学分析、物理、解析几何与线性代数、常微分方程、抽象代数、理论力学、实变与泛函、复变函数、偏微分方程、微分几何、概率论、拓扑学、数值代数、公理化集论与一般拓扑、科研训练、算法语言、现代分析基础。

计算数学专业：数学分析、物理、常微分方程、数值逼近法、偏微分方程数值解、计算实习、最优化方法、算法语言、科研训练、结构分析、解析几何、高等代数、复变函数、理论力学、数值代数、实变与泛函、偏微分方程。

1981 级

数学专业：数学分析、解析几何与线性代数、物理、常微分方程、抽象代数、拓扑学、数值计算、逼近论、图论、科研训练、算法语言、理论力学、实变与泛函、复变函数、偏微分方程、微分几何、概率论。

计算数学专业：数学分析、物理、算法语言、常微分方程、数值逼近、偏微分方程数值解、计算实习、概率论、最优化方法、科研训练、数据库、专业英语、流体力学方程数值解、高等代数、解析几何、复变函数、理论力学、数值代数、实变与泛函、偏微分方程。

1982 级

数学专业：数学分析、解析几何与线性代数、物理、抽象代数、常微分方程、拓扑学、算法语言、数理统计及其应用、分析与代数补充、数据结构、数值分析、理论力学、实变与泛函、复变函数、微分几何、概率论、偏微分方程。

计算数学专业：数学分析、物理、算法语言、常微分方程、数值逼近、微分方程数值解、最优化方法、变分学与最优化、实用程序设计、科研训练、解析几何、高等代数、复变函数、理论力学、数值代数、偏微分方程、实变与泛函、偏微分方程数值解、专业英语。

1983 级

数学专业：数学分析、解析几何与线性代数、常微分方程、物理、抽象代数、复变函数、理论力学、实变函数与泛函分析、专业英语、微分几何、概率论、偏微分方程、拓扑学、算法语言、随机过程、分析与代数补充、数据库管理方法、数值分析。

计算数学专业：数学分析、解析几何、高等代数、物理、线性代数、算法语言、常微分方程、数值逼近、复变函数、理论力学、数值代数、专业英语、偏微分方程、偏微分方程数值解、实变函数、微分方程数值解、最优化方法、概率统计、分析与代数补充、数据结构、发展方程数值解。

1984 级

数学专业：数学分析、解析几何、高等代数、物理、常微分方程、抽象代数、专业英语、实变与泛函、复变函数、理论力学、偏微分方程、微分几何、概率论、拓扑学、数值分析、分析与代数补充、亚纯函数、实用程序设计。

计算数学专业：数学分析、解析几何、高等代数、物理、算法语言、常微分方程、数值逼近、专业英语、数值代数、复变函数、理论力学、实变函数论、偏微分方程、微分方程数值解、最优化方法、数据库、概率论、数据结构。

1985 级

数学专业：数学分析、解析几何、高等代数、电磁学、常微分方程、实变函数、电子学、复变函数、泛函分析、数值分析、抽象代数、概率论、微分几何、拓扑学、系统工程、现代分析基础、数据结构、对策论及其应用、科研训练。

应用数学专业：数学分析、解析几何、算法语言、高等代数、运筹学、常微分方程、实变函数论、专业英语、复变函数、概率论、偏微分方程、泛函分析、数理统计、数值分析、图论、数学模型、变分学与最优化、凸分析与值论、对策论及其应用、变分学与最优化、科研训练。

计算数学与应用软件专业：数学分析、解析几何、算法语言、高等代数、常微分方程、数值逼近、电磁学、电子学、数值代数、理论力学、偏微分方程、微分方程数值解、实变函数、数据库、最优化方法、系统工程、变分学与最优化、数据结构、科研训练、对策论及其应用。

1986 级

数学专业：数学分析、解析几何、算法语言、高等代数、电磁学、常微分方程、实变函数、复变函数论、泛函分析、概率论、偏微分方程、数值分析、抽象代数、对策论、微分几何、拓扑学、数据库、科研训练。

应用数学专业：数学分析、解析几何、算法语言、高等代数、运筹学、常微分方程、实变函数、组合数学、概率论、数学物理方法、系统工程、图论、数值分析、数理统计、对策论、数学模型、系统动力学、数据库、科研训练。

1987 级

数学专业：数学分析、解析几何、高等代数、电磁学、复变函数、常微分方程、理论力学、实变函数、偏微分方程、微分几何、数值分析、概率论、泛函分析、抽象代数、科研训练。

计算数学与应用软件专业：数学分析、线性代数、解析几何、电磁学、理论力学、数值逼近、常微分方程及其数值解、数值代数、数学物理方法、数据结构、最优化方法、数据库、偏微分方程数值解、实变函数、科研训练。

1988 级

数学专业：数学分析、解析几何、高等代数、电磁学、复变函数论、常微分方程、理论力学、实变函数、偏微分方程、微分几何、数值分析、概率论、泛函分析、抽象代数、拓扑学、数理统计、数值逼近、科研训练。

计算数学与应用软件专业：数学分析、线性代数、解析几何、电磁学、理论力学、数值逼近、常微分方程及其数值解、数值代数、数学物理方法、数据结构、最优化方法、数据库、偏微分方程数值解、实变函数、概率论与数理统计、科研训练。

1989 级

数学专业：数学分析、解析几何、高等代数、电磁学、复变函数、常微分方程、理论力学、实变函数、偏微分方程、微分几何、数值分析、概率论、泛函分析、抽象代数、拓扑学、数据库、科研训练。

计算数学与应用软件专业：数学分析、线性代数、解析几何、电磁学、理论力学、数值逼近、常微分方程及其数值解、数值代数、数学物理方法、数据结构、最优化方法、数据库、偏微分方程数值解、实变函数、科研训练。

1990 级

数学专业：数学分析、解析几何、高等代数、常微分方程、电磁学、理论力学、复变函数论、微分几何、实变函数、偏微分方程、概率论、数值分析、泛函分析、拓扑学、数理统计、抽象代数、科研训练。

应用数学专业：数学分析、解析几何、高等代数、常微分方程、运筹学、实变函数、概率论、数学物理方法、图论及其应用、数理统计、数学模型、数值分析、数据库、专业英语、随机模拟、科研训练。

计算数学与应用软件专业：数学分析、解析几何、线性代数、电磁学、理论力学、常微分方程及其数值解、数值逼近、数学物理方法、数值代数、数据结构、最优化原理与方法、专业英语、偏微分方程数值解、实变函数、概率论与数理统计、科研训练。

1991 级

数学专业：数学分析、解析几何、高等代数、常微分方程、电磁学、理论力学、复变函数论、微分几何、实变函数、偏微分方程、概率论、数值分析、泛函分析、拓扑学、黎曼曲面、科研训练。

应用数学专业：数学分析、解析几何、高等代数、常微分方程、运筹学、实变函数、概率论、数学物理方法、图论、数理统计、数学模型、数值分析、数据库、专业英语、科研训练。

计算数学与应用软件专业：数学分析、解析几何、线性代数、电磁学、理论力学、常微分方程及其数值解、数值逼近、数学物理方法、数值代数、数据结构、专业英语、偏微分方程数值解、实变函数、数学模型、概率论与数理统计、科研训练。

1992 级

数学专业：数学分析、解析几何、高等代数、常微分方程、物理、复变函数、微分几何、理论力学、抽象代数、实变函数、偏微分方程、概率论、数值分析、泛函分析、专业英语、拓扑学、科研训练。

应用数学专业：数学分析、解析几何、高等代数、常微分方程、物理、运筹学、实变函数、概率论、数理方法、图论及其应用、数理统计、数学模型、数值分析、泛函分析、专业英语、科研训练。

计算数学与应用软件专业：数学分析、解析几何、线性代数、物理、常微分方程及其数值解、数值逼近、数据库、数理方法、数值代数、数据结构、专业英语、偏微分方程数值解、实变函数、数学模型、概率论、科研训练。

1993 级

数学专业：数学分析、解析几何、高等代数、常微分方程、物理、复变函数、微分几何、理论力学、运筹学、抽象代数、实变函数、偏微分方程、概率论、数值分析、泛函分析、专业英语、拓扑学、科研训练。

应用数学专业：数学分析、解析几何、高等代数、常微分方程、物理、运筹学、实变函数、概率论、数理方法、图论及其应用、数理统计、离散数学、数学模型、数值分析、专业英语、科研训练。

计算数学及其应用软件专业：数学分析、解析几何、线性代数、物理、理论力学、常微数值解、数值逼近、数据库、数理方法、数值代数、数据结构、专业英语、偏微分方程数值解、离散数学、数学模型、概率与数理统计、科研训练。

1994 级

数学专业：数学分析、解析几何、高等代数、常微分方程、物理、复变函数、微分几何、理论力学、偏微分方程数值解、抽象代数、实变函数、偏微分方程、概率与统计、数值分析、泛函分析、专业英语、离散数学、拓扑学、毕业论文。

应用数学专业：数学分析、解析几何、高等代数、常微分方程、物理、运筹学、实变函数、概率与统计、数理方法、数理统计、离散数学、数学模型、数值分析、专业英语、毕业论文。

计算数学及其应用软件专业：数学分析、解析几何、线性代数、物理、常微及其数值解、数值逼近、数据库、数理方法、理论力学、数值代数、数据结构、专业英语、偏微分方程数值解、计算机图形学、数学建模、概率与统计、毕业论文。

1995 级

数学专业：数学分析、解析几何、高等代数、常微数值解、普通物理、数值逼近、数理方法、实变与泛函、微分几何、抽象代数、偏微分方程数值解、数值代数、运筹学、专业英语、拓扑学、离散数学、科研训练。

应用数学专业：数学分析、解析几何、高等代数、常微分方程、普通物理、运筹学、实变与泛函、概率论、数理方法、数理统计、离散数学、数学建模、数值分析、专业英语、数据结构、计量经济学、数学方法选讲、科研训练。

计算数学专业：数学分析、解析几何、线性代数、普通物理、常微数值解、数值逼近、数据库管理系统、数理方法、数值代数、数据结构、专业英语、偏微分方程数值解、计算机图形学、数学建模、概率与统计、运筹学、科研训练。

1996 级

数学专业：数学分析，解析几何，高等代数，数据库管理系统，常微分方程，普通物理，离散数学，偏微分方程，实变函数论，复分析、复变函数论，专业英语，概率与数理统计，抽象代数，微分几何，泛函分析，拓扑学，毕业论文。

应用数学专业：数学分析、解析几何、高等代数、常微分方程、数据库管理系统、普通物理、离散数学、概率论与数理统计、运筹学、数学模型、专业英语、西方经济学、毕业论文。

计算数学及其应用软件专业：数学分析、解析几何、高等代数、普通物理、常微分方程、数值逼近、数据库管理系统、离散数学、数据结构、软件设计方法、专业英语、数值代数、微分方程数值解法、最优化方法、汇编语言、计算机图形学、毕业论文。

1997 级

数学专业：数学分析，解析几何，线性代数，数据库管理系统，常微分方程，普通物理学，离散数学，偏微分方程，实变函数论，复分析、复变函数论，数据结构，数学模型，专业英语，概率论与数理统计，抽象代数，微分几何，泛函分析，拓扑学，毕业论文。

数学及应用数学专业：数学分析、解析几何、线性代数、常微分方程、数据库管理系统、普通物理学、离散数学、概率与数理统计、数学物理方法、实变函数论、概率统计、运筹学、数学模型、数据结构、专业英语、西方经济学、毕业论文。

信息与计算科学专业：数学分析、解析几何、线性代数、普通物理学、常微分方程、数值逼近、数据库管理系统、离散数学、数学物理方法、数据结构、软件设计方法、专业英语、数值代数、微分方程数值解法、最优化方法、毕业论文。

1998 级

数学与应用数学专业：数学分析（上）、线性代数、解析几何、数据库管理系统、数学分析、普通物理、常微分方程、离散数学、运筹学、数学物理方法、概率与统计（一）、数学模型、实变与泛函、概率与统计（二）、拓扑学、西方经济学、科研训练。

信息与计算科学专业：数学分析（上）、线性代数、解析几何、普通物理、数据库管理系统、数学分析、离散数学、常微分方程、数学分析（三）、算法与数据结构、数学模型、数值逼近、实变与泛函、概率与统计（一）、微分方程数值解法、数值代数、汇编语言、毕业论文。

1999 级

数学与应用数学专业：数学分析、线性代数、解析几何、数学分析（下）、普通物理学、数学分析（三）、数据库管理系统、常微分方程、离散数学、数学物理方法、运筹学、数学模型、实变与泛函、概率与统计（一）、概率与统计（二）、统计软件、拓扑学、西方经济学、毕业论文。

信息与计算科学专业：数学分析、解析几何、线性代数、数学分析（下）、普通物理学、数学分析（三）、数据库管理系统、常微分方程、离散数学、算法与数据结构、数值逼近、实变与泛函、数学模型、概率与统计（一）、微分方程数值解法、数值代数、软件系统基础、汇编语言、毕业论文。

2000 级

数学与应用数学专业：数学分析（一）、线性代数（一）、解析几何、数学分析（二）、线性代数（二）、离散数学、普通物理学、数学分析（三）、常微分方程、概率与统计（一）、高级语言程序设计、偏微分方程、泛函分析、复变函数论、数学模型、实变函数、微分几何、抽象代数、运筹学、西方经济学、拓扑学、科研训练。

信息与计算科学专业：数学分析（一）、线性代数（一）、解析几何、数学分析（二）、线性代数（二）、普通物理学、离散数学、数学分析（三）、常微分方程、概率与统计（一）、高级语言程序设计、数值逼近、算法与数据结构、数学模型、泛函分析、实变函数、微分方程数值解法、数值代数、软件系统基础、汇编语言、科研训练。

2001—2002 级
学科通修课：数学分析(一)、数学分析(二)、数学分析(三)、线性代数(一)、线性代数(二)、解析几何、常微分方程、实变函数、复变函数、概率论、偏微分方程。
数学与应用数学专业必修课：拓扑学、微分几何、泛函分析、抽象代数、离散数学、运筹学。
信息与计算科学专业必修课：数值代数、数值逼近、算法与数据结构、微分方程数值解法、离散数学、高级语言程序设计。

2001—2002 级数学与应用数学(师范类)
学科通修课：数学分析(一)、数学分析(二)、数学分析(三)、线性代数(一)、线性代数(二)、解析几何、常微分方程、实变函数、复变函数、概率论、偏微分方程。
专业必修课：普通心理学、教育学、数学教学法。

2003—2007 级
学科通修课：高等代数(一)、解析几何、数学分析(一)、高等代数(二)、数学分析(二)、普通物理 B(1)、数学分析(三)、普通物理 B(3)、复变函数论、概率论、常微分方程、普通物理实验、偏微分方程、实变函数、高等代数(三)、普通物理 B(2)。
数学与应用数学专业必修课：抽象代数、拓扑学、数值分析、微分几何、泛函分析。
信息与计算科学专业必修课：数值逼近、数值代数、微分方程数值解法、数值分析与科学计算。

2003—2004 级数学与应用数学(师范类)
学科通修课：高等代数(一)、解析几何、数学分析(一)、高等代数(二)、数学分析(二)、普通物理 B(1)、数学分析(三)、普通物理 B(3)、复变函数论、概率论、常微分方程、普通物理实验、偏微分方程、实变函数、高等代数(三)、普通物理 B(2)。

专业必修课：心理学、教育学原理、课程与教学论、中学数学教材教法。

2008—2012 级

学科通修课：高等代数（一）、解析几何、数学分析（一）、大学物理 B（上）、高等代数（二）、数学分析（二）、常微分方程、大学物理 B（下）、数学分析（三）、概率论、计算方法、普通物理实验、实变函数、复变函数论、偏微分方程。

数学与应用数学专业必修课：抽象代数、数理统计、微分几何、泛函分析、拓扑学。

信息与计算科学专业必修课：数值逼近、数值代数、算法与数据结构、微分方程数值解法。

2013—2014 级

学科通修课：高等代数（Ⅰ）、解析几何、数学分析（Ⅰ）、大学物理 B（上）、高等代数（Ⅱ）、数学分析（Ⅱ）、计算方法、常微分方程、数学分析（Ⅲ）、概率论、复变函数论、实变函数。

基础数学方向模块课：初等数论、抽象代数、代数学、偏微分方程、泛函分析、微分几何、拓扑学、数理统计、大学物理（下）。

应用数学方向模块课：组合数学、数学模型、泛函分析、运筹与优化、数理统计、偏微分方程、初等数论、抽象代数、大学物理（下）。

信息与计算科学方向模块课：数值逼近、数值代数、微分方程数值解、泛函分析、运筹与优化、偏微分方程、初等数论、抽象代数、大学物理（下）。

统计方向模块课：统计学导论、数理统计、随机过程、统计计算、应用线性模型、时间序列分析、抽样调查、多元统计分析、非参数统计。

精算方向模块课：统计学导论、数理统计、随机过程、统计计算、应用线性模型、时间序列分析、金融数学、精算模型、精算数学。

2015—2017 级

学科通修课：高等代数（Ⅰ）、解析几何、数学分析（Ⅰ）、大学物理 B（上）、高等代数（Ⅱ）、数学分析（Ⅱ）、计算方法、常微分方程、数学分析（Ⅲ）、概率论、复变函数论、实变函数。

数学与应用数学专业模块课：抽象代数、大学物理 B（下）、拓扑学、偏微分方程、微分几何、组合数学、泛函分析、数理统计、初等数论。

信息与计算科学专业模块课： 抽象代数、大学物理 B(下)、偏微分方程、数值逼近、数值代数、泛函分析、微分方程数值解法、运筹与优化、算法与数据结构。

统计方向模块课： 统计学导论、数理统计、随机过程、统计计算、应用线性模型、时间序列分析、抽样调查、多元统计分析、非参数统计。

精算方向模块课： 统计学导论、数理统计、随机过程、统计计算、应用线性模型、时间序列分析、金融数学、精算模型、精算数学。

2018—2019 级

学科通修课： 高等代数(Ⅰ)、解析几何、数学分析(Ⅰ)、大学物理 B(上)、高等代数(Ⅱ)、数学分析(Ⅱ)、常微分方程、数学分析(Ⅲ)、概率论、复变函数论、实变函数。

数学与应用数学专业必修课： 大学物理 B(下)、抽象代数、偏微分方程、微分几何、泛函分析、拓扑学。

信息与计算科学专业必修课： 大学物理 B(下)、抽象代数、偏微分方程、微分几何、泛函分析、数值代数、微分方程数值解法、数值逼近。

统计学专业必修课： 数理统计、随机过程、统计计算、应用线性模型、时间序列分析。

统计方向模块课： 抽样调查、多元统计分析、非参数统计。

精算方向模块课： 精算数学、金融数学、精算模型。

(二)教材与专著

教材名称	出版年份	编者	出版社
《实用微积分(再版)》	1944 年	萨本栋、郑曾同、杨龙生	青年图书出版社
向量分析讲义	1957 年	方德植译	高等教育出版社
泛函分析	1960 年	李文清	科学出版社
俄中英 英中俄数学词典	1961 年	厦门大学数学系	厦门人民出版社
网络拓扑学	1963 年	张鸣镛译	上海科学技术出版社

续表

教材名称	出版年份	编者	出版社
微分几何	1964年	方德植	人民教育出版社
微分几何	1964年	方德植	高等教育出版社
泛函分析(第2版)	1966年	李文清	科学出版社
数学手册	1979年	王连祥、方德植、张鸣镛、林坚冰、辜联昆、钟同德、杨锡安、谢德平、骆镇华、肖必泉、蔡晖、林大兴	高等教育出版社
射影几何	1983年	方德植、陈奕培	高等教育出版社
微分几何基础	1984年	方德植	科学出版社
解析几何	1986年	方德植	高等教育出版社
基础数学概要(上)	1986年	方德植、李轮焕、陈鹄汀、杨汉钊、刘恭远	福建科学技术出版社
多复变函数的积分表示与多维奇异积分方程	1986年	钟同德	厦门大学出版社
具非负特征形式的二阶微分方程	1986年	辜联昆、张克农、庄琼珊、洪乃端、郑宝琚、许清泉、蔡晖等译	科学出版社
现代分析基础	1987年	张鸣镛	厦门大学出版社
几何基础	1988年	陈奕培	厦门大学出版社
概率论	1989年	林鸿庆	厦门大学出版社
基础数学概要(下)	1989年	方德植、李轮焕、陈鹄汀、杨汉钊、刘恭远	福建科学技术出版社
多复变函数论:积分表示及其应用	1989年	陈叔瑾	厦门大学出版社
实变与泛函	1990年	厉则治	厦门大学出版社
多元复分析	1990年	钟同德、黄沙	河北教育出版社

续表

教材名称	出版年份	编 者	出版社
双曲型套网格差分逼近及其稳定性	1993 年	陈传淡	厦门大学出版社
常微分方程及其数值解法	1994 年	蔡晖	厦门大学出版社
一般拓扑学	1996 年	陈奕培	厦门大学出版社
整体微分几何	1998 年	方德植、梁益兴	厦门大学出版社
数值分析	1998 年	陈昌明	高等教育出版社
Riemann 曲面及其上的位势理论	1998 年	邱曙熙	厦门大学出版社
位势论①	1998 年	张鸣镛	北京大学出版社
代数拓扑学引论	1999 年	陈奕培	厦门大学出版社
高等数学(文科)	1999 年	厦门大学数学科学学院《高等数学(文科)》编写组	厦门大学出版社
线性代数	2001 年	卢琳璋	科学出版社
现代分析引论	2002 年	邱曙熙	厦门大学出版社
期权定价与组合选择:金融数学与金融工程的核心	2002 年	李时银	厦门大学出版社
二阶抛物型偏微分方程(修订版)	2002 年	辜联昆	厦门大学出版社
概率统计应用基础	2003 年	林玉闽、许传炬	高等教育出版社
线性代数	2003 年	宣飞红	厦门大学出版社
实变与泛函学习指导	2004 年	邱曙熙、邱旭勋、李毅轩	厦门大学出版社
高等数学精品课堂	2005 年	林建华、庄平辉、林应标	厦门大学出版社

---

① 程民德主编的北京大学数学丛书之一。

续表

教材名称	出版年份	编者	出版社
计算机数值方法（第2版）	2005年	施吉林、刘淑珍、陈桂芝	高等教育出版社
高等数学	2008年	邱曙熙	厦门大学出版社
计算机数值方法（第3版）	2009年	施吉林、刘淑珍、陈桂芝	高等教育出版社
微积分	2009年	曹镇潮	北京大学出版社
线性代数	2010年	林大兴、蔡忠俄、周小林	北京大学出版社
分数阶差分方程理论	2011年	程金发	厦门大学出版社
高等数学学习指导	2011年	林建华	厦门大学出版社
微积分学习指导	2012年	邱曙熙，周萍濒	厦门大学出版社
矩阵理论及方法	2012年	谢冬秀、雷纪刚、陈桂芝	科学出版社
数值分析	2013年	陈昌明	高等教育出版社
线性代数	2013年	戴跃进、蔡丽娟、陈桂芝、林玉闽	高等教育出版社
线性代数学习指导暨习题详解	2014年	戴跃进、蔡丽娟、陈桂芝、林玉闽	厦门大学出版社
高等代数	2013年	林亚南	高等教育出版社
高等线性代数学	2014年	黎景辉、白正简、周国晖	高等教育出版社
分数阶偏微分方程数值方法及其应用	2015年	刘发旺、庄平辉、刘青霞	科学出版社
数学建模：问题、方法与案例分析（基础篇）	2018年	谭忠	高等教育出版社
偏微分方程：现象、建模、理论与应用	2019年	谭忠	高等教育出版社
高等代数学习辅导	2020年	林亚南、林鹭、杜妮等	高等教育出版社

(三)精品课程

年　度	课程名称	立项支持
2003 年	高等代数	省级精品课程
2007 年	高等代数	国家级精品课程
2008 年	数学建模	省级精品课程
2008 年	数学建模	国家级精品课程
2013 年	高等代数	国家级精品资源共享课
2013 年	数学建模	国家级精品资源共享课
2016 年	数学建模	省级精品在线开放课程
2016 年	偏微分方程	省级精品在线开放课程
2016 年	高等代数(上)	省级精品在线开放课程
2017 年	数学建模	国家级精品在线开放课程
2017 年	高等代数(下)	省级精品在线开放课程
2018 年	偏微分方程	国家级精品在线开放课程
2018 年	信息安全	省级精品在线开放课程
2018 年	线性代数	省级精品在线开放课程
2019 年	数学分析Ⅲ	省级线下一流本科课程

三、教学改革与成果[①]

(一)基地与平台

名　　称	级　别	设立时间
数学与应用数学国家理科基础科学研究和教学人才培养基地	国家级	2008 年

---

① 省级及以上。

续表

名　称	级　别	设立时间
基础学科拔尖学生培养试验计划（数学）	国家级	2010 年
数学与应用数学专业综合改革试点	省级	2012 年
数学与应用数学专业国家一流本科专业建设点	国家级	2019 年
强基计划	国家级	2020 年
数学与应用数学	国家级、省级特色专业	2007 年
信息与计算科学	省级特色专业	2009 年
厦门大学创新复合型数学人才培养模式创新实验区	省级人才培养模式创新实验区	2007 年

（二）教学团队

1.福建省代数学科教学团队（2007 年）

福建省教学团队"代数学科教学团队"由国家精品课程"高等代数"负责人林亚南牵头，团队成员为承担本科"高代代数"和"抽象代数"以及研究生"代数学"等课程的 5 位任课教师。团队成员均具有博士学位，年龄结构和学缘结构合理。团队长期致力于精品课程建设，坚持在教学第一线为本科生上课，坚持教学与科研、研究生培养和学科建设相结合，致力于在教学上起带动和示范作用。

（1）在教学理念上，坚持以人为本，所有的教学手段、教学改革都以学生认可满意为标准，以学生掌握知识和提高能力为目的。

（2）在教学内容上，突出代数学的基本思想，如等价分类的思想、分解结构的思想、同构对应的思想，揭示课程内部的本质的有机联系。

（3）在教学方法上，重视实践性教学，引导学生进行研究性学习和创新性实验，培养学生发现、分析和解决问题的兴趣和能力。

（4）"抽象代数"课程进行双语教学，精心建设"高等代数"和"代数学"课程网站，倡导和组织福建省"高等代数"课程建设研讨会，真正起到辐射作用和促进作用等。

2.福建省数学专业本科教学团队(2018年)

　　福建省数学专业本科教学团队由国家"万人计划"领军人才、教育部"教学名师"林亚南领衔,汇聚了一批国家高层次人才和青年人才、闽江学者、学校特聘教授等力量。团队成员全部具有博士学位,主持在研的国家自然科学基金项目,是博士研究生或硕士研究生的指导教师,长期从事本科教学,倾心于人才培养,每人负责数学专业的一门基础课程,参与指导本科生毕业论文。教学团队依托"国家理科基础科学研究和教学人才培养基地""国家基础学科拔尖学生培养试验计划"等人才培养平台,探索和实施包括特色专业建设、国家精品课程、资源共享课、大学生创新创业训练计划、品牌学科竞赛等在内的各类"本科教学工程"建设内容。

　　(1)形成高水平科研支撑、高质量人才培养的新机制。以实施"拔尖计划"为带动,通过体制机制改革,形成科研支撑教学、学科优势向人才优势、教学优势转化的新机制。

　　(2)构建符合拔尖学生成长规律的个性化培养新模式。区分数学研究型人才和数学应用型人才不同目标类型,分类培养,为拔尖学生特殊需求提供"绿色通道"。

　　(3)营造引领学生接触科研前沿的学术文化新生态。

　　(4)建立教授治学、专家管理的内部质量保障新机制。

　　团队的成果项目"遵循教育规律,培养数学一流人才"获得2017年福建省高等教育教学成果奖特等奖。

3.福建省数学建模慕课应用型本科教学团队(2019年)

　　福建省数学建模慕课应用型本科教学团队由国家精品课程"数学建模"负责人谭忠领衔,团队成员主要包括4类教师:一是连续方法建模的教师,熟悉微积分及动力学发展方程建模;二是离散方法建模的教师,熟悉运筹学方法;三是随机与统计方法建模的教师,熟悉在随机影响下的排队、存储对策与决策,同时熟悉统计方法;四是在界限不分明的现象处理中产生的模糊系统的教师,熟悉模糊系统建模。2002年,学校确立了"数学建模"作为教学改革试点课程,同时组织教师团队,在暑期进行数学建模培训并参加9月的全国大学生数学建模竞赛。在校领导和数学系领导的关心支持下,团队一方面开始进行课程建设,一方面组织竞赛培训并制订课程指导方案和数学建模竞赛的培训方案。

(1)本团队所选课程内容能提高大学生学习数学并用数学建模的方法解决实际问题的兴趣与能力。

(2)本团队研究教学内容紧扣国际科技前沿,紧扣国家和地方需求,紧扣社会热点和日常生活中的问题,生动有趣,具有时代感,能提高大学生的创新意识和创新能力。

(3)教学方法适合翻转课堂,适合MOOC教学,建立了以学生为中心,学生主讲,教师提高、点评、指导启发的一系列方法。

(4)让各学科学生组队,激发灵感,能解决一些单一学科无法完整解决的问题,无形之中培养了大学生协同学习、研究性学习的好习惯及团队精神。

团队的成果项目"以数学建模为驱动,探索研究性、个性化创新人才培养之路"获得2014年福建省高等教育教学成果奖一等奖。

(三)教学改革项目

年度	项目名称	负责人	立项支持
2014年	优化培养环节,提高数学专业本科人才质量	林亚南	省级教学改革研究项目
2014年	大类招生培养模式下公共数学教学管理及课程体系探索	钱建国	省级教学改革研究项目
2015年	以数学建模促进人才培养模式的创新	谭忠	省级教学改革研究项目
2016年	数学学科"拔尖计划"小班教学的内容与方法研究	金贤安	教育部基础学科拔尖学生培养试验计划研究课题
2017年	数学学科"拔尖计划"国际化建设探索	林亚南	教育部基础学科拔尖学生培养试验计划研究课题
2018年	数学拔尖学生各学段衔接培养机制	刘轼波	教育部基础学科拔尖学生培养试验计划研究课题(重点项目)

(四)教学成果

年　度	项目名称	主要完成者	获奖等级
1989 年	大学基础数学(几何方向)的教材编著	方德植	福建省二等奖
2005 年	数学建模与大学生素质教育	谭忠、钱建国、李时银、谭绍滨、董槐林	福建省二等奖
2009 年	发挥精品课程示范作用,提升全省"高等代数"教学质量	林亚南、林鹭、杜妮、谭绍滨	福建省一等奖
2014 年	以数学建模为驱动,探索研究性、个性化创新人才培养之路	谭忠、刘继春、金贤安、刘青霞、伍火熊	福建省一等奖
2017 年	遵循教育规律,培养数学一流人才	林亚南、谭绍滨、谭忠、钱建国、邱春晖、金贤安、张剑文	福建省特等奖
2018 年	打造精品资源,构建多元化、个性化数学人才培养模式	林亚南、谭绍滨、谭忠、钱建国、邱春晖、金贤安、张剑文	国家级二等奖

四、拔尖计划毕业生升学情况

姓　名	年级	级别	读研学校	读研专业或方向
陈元	2010 级	部级	香港中文大学	基础数学
李荣刚	2010 级	部级	北京大学	基础数学
吴璇	2010 级	部级	美国哥伦比亚大学	基础数学
夏宇静	2010 级	部级	复旦大学	基础数学
徐燕虹	2010 级	部级	新加坡南洋理工大学	应用数学
何柏颉	2011 级	部级	中国科学院数学与系统科学研究院	基础数学
刘翔宇	2011 级	校级	美国罗格斯大学	金融数学
刘欣	2011 级	部级	中国科学院数学与系统科学研究院	基础数学
牛坤立	2011 级	校级	美国哥伦比亚大学	统计学
吴小强	2011 级	校级	美国佛罗里达州立大学	工业统计学

续表

姓 名	年级	级别	读研学校	读研专业或方向
许灵达	2011级	校级	中国科学院数学与系统科学研究院	应用数学
张发亿	2011级	校级	丹麦哥本哈根大学	统计学
张力维	2011级	部级	中国科学院数学与系统科学研究院	计算数学
赵之浩	2011级	部级	美国密歇根州立大学	数学
钟齐先	2011级	部级	清华大学	统计学
王逸夫	2011级	校级	英国帝国理工学院	数学
李圣南	2011级	校级	美国纽约大学	金融数学
王哲辉	2012级	部级	北京大学	基础数学
邬潇莹	2012级	校级	中国科学院数学与系统科学研究院	运筹学与控制论
狄琛	2012级	校级	美国哥伦比亚大学	金融数学
陈怡敏	2012级	部级	清华大学	基础数学
钱芷萱	2012级	校级	新加坡南洋理工大学	金融工程
刘一玲	2012级	校级	美国北卡罗来纳大学教堂山分校	生物统计
刘楚箫	2012级	校级	中国科学院数学与系统科学研究院	基础数学
王芹	2012级	部级	中国科学院数学与系统科学研究院	计算数学
刘新钰	2012级	部级	美国普渡大学	数学
陶曼媛	2012级	部级	美国纽约大学	应用数学
吴晓君	2012级	校级	浙江大学	统计学
何昊然	2012级	校级	美国哥伦比亚大学	企业风险管理
高博	2012级	校级	美国哥伦比亚大学	金融数学
王钟雅	2012级	校级	加拿大麦吉尔大学	生物统计
崔佳	2013级	校级	美国哥伦比亚大学	金融数学
韩雯	2013级	校级	复旦大学	基础数学
何辰祥	2013级	部级	浙江大学	应用数学
胡志芳	2013级	校级	复旦大学	统计学
李鹏程	2013级	部级	北京大学	基础数学
文承豪	2013级	校级	厦门大学	基础数学
赵馨	2013级	校级	清华大学	基础数学

续表

姓 名	年 级	级 别	读研学校	读研专业或方向
柯方圆	2013级	部级	复旦大学	应用数学
梅金龙	2013级	部级	上海交通大学	统计学
郑小婷	2013级	校级	厦门大学	统计学
宋思圻	2013级	部级	中国科学院数学与系统科学研究院	计算数学
李韬	2014级	部级	美国纽约大学	电子与计算机工程
陈逸东	2014级	部级	中国科学院网络信息中心	统计学
吴忠二	2014级	校级	厦门大学	基础数学
宋亮	2014级	校级	清华大学	应用统计
宋逸伦	2014级	校级	清华大学	数学
陈锃	2014级	部级	中国科学技术大学	基础数学
张梦桐	2014级	校级	美国乔治城大学	基础数学
蔡宇超	2014级	校级	中国人民大学	统计学
陈亦弘	2014级	校级	北京大学	数据科学
陈瑞捷	2014级	校级	美国纽约大学	数据科学
高寒	2014级	校级	香港科技大学	大数据技术
刘鹏	2014级	部级	北京大学	基础数学
喻竞哲	2014级	校级	美国纽约大学	金融工程
于洋	2014级	校级	美国卡内基梅隆大学	business analytics（商务分析）
傅予泽	2014级	校级	美国康奈尔大学	运筹与信息工程
刘俣伽	2014级	校级	北京大学	应用数学
陆玉锋	2014级	部级	北京大学	基础数学
何川	2015级	部级	美国明尼苏达大学	工业与系统工程
王兆楠	2015级	部级	中国科学院数学与系统科学研究院	计算数论与密码学
焦东晨	2015级	部级	英国帝国理工学院	数学
许景毅	2015级	校级	北京大学	基础数学
李新悦	2015级	校级	美国哥伦比亚大学	运筹学
初保志	2015级	部级	美国罗格斯大学新布朗斯维克分校	数学

续表

姓名	年级	级别	读研学校	读研专业或方向
李雨杰	2015级	校级	浙江大学	计算数学
吴量	2015级	校级	厦门大学	计算数学
谢恬	2015级	校级	美国密歇根大学安娜堡分校	生物统计
罗月	2015级	部级	北京大学	计算数学
徐天航	2016级	部级	北京大学	基础数学
向洋	2016级	部级	美国哈佛大学	数据与科学
刘理	2016级	部级	美国卡内基梅隆大学	商业智能与数据分析
卓志坚	2016级	部级	北京大学	应用数学
刘思璐	2016级	部级	复旦大学	基础数学
张智华	2016级	校级	美国加州大学伯克利分校	金融工程
施恩泽	2016级	校级	加拿大阿尔伯塔大学	统计机器学习
叶泽宇	2016级	校级	清华大学	基础数学
刘芊	2016级	校级	美国纽约大学	金融数学
俞寅威	2016级	校级	清华大学	工程教育
冷光杰	2016级	校级	上海交通大学	数学类专业
张怡	2016级	校级	复旦大学	应用统计
李洋	2016级	校级	厦门大学	信息与计算科学
苗灏	2016级	校级	中国科学院大学	应用统计
祝子涵	2016级	校级	英国伯明翰大学	金融数学
乔天琦	2016级	校级	荷兰埃因霍温理工大学	工业与应用数学
加自力	2016级	校级	美国威斯康星大学麦迪逊分校	经济学
贾英	2016级	校级	英国伦敦大学学院	金融学
陈泽宇	2016级	校级	浙江大学	应用数学

第五部分
科研项目、
论文和获奖

一、1985—2020 年获批科研项目

年　度	项目数	获批金额/万元	年　度	项目数	获批金额/万元	年　度	项目数	获批金额/万元
1985 年	2	1.35	1997 年	9	31.9	2009 年	11	283
1986 年	5	3.7	1998 年	8	30.7	2010 年	18	235.6
1987 年	3	1.2	1999 年	5	21.5	2011 年	29	703.55
1988 年	5	2.5	2000 年	7	50	2012 年	29	1027
1989 年	4	1.7	2001 年	12	128	2013 年	24	469
1990 年	3	2	2002 年	6	59.4	2014 年	21	821
1991 年	3	2.6	2003 年	4	58	2015 年	27	838.9
1992 年	4	3.4	2004 年	5	50.8	2016 年	28	1311
1993 年	5	2.51	2005 年	17	128.6	2017 年	22	793.6
1994 年	9	13.2	2006 年	13	135	2018 年	19	1264
1995 年	8	10.75	2007 年	8	84	2019 年	26	1299
1996 年	8	11.13	2008 年	11	142.1	2020 年	20	1058.8

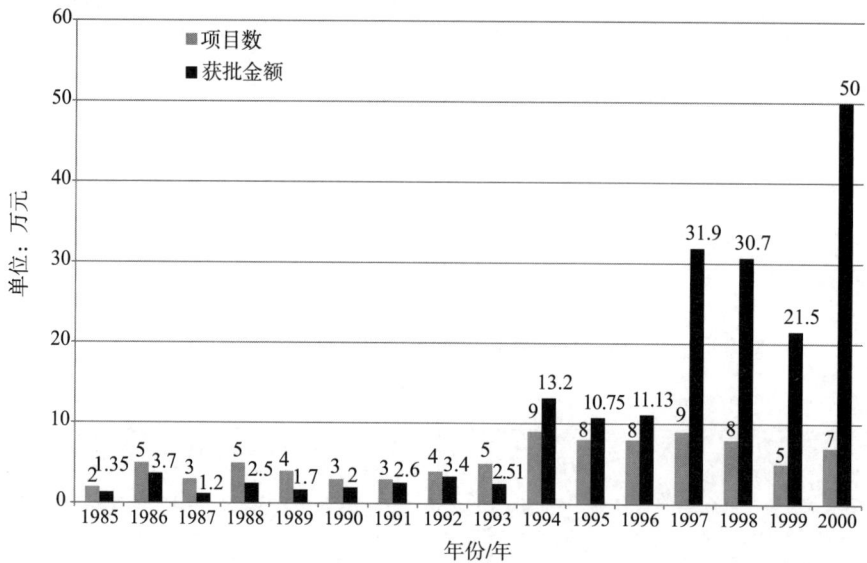

1985—2000 年度获批科研项目

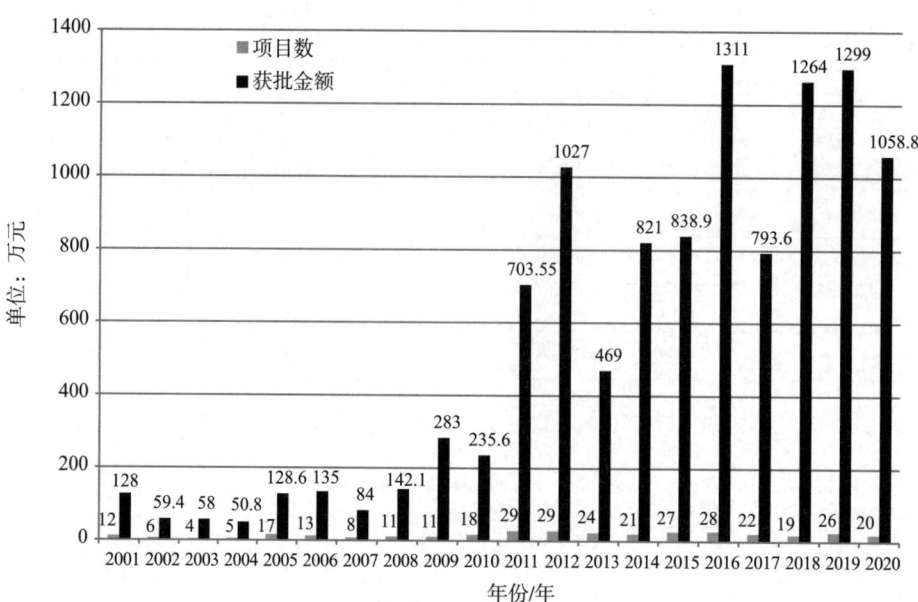

2001—2020 年度获批科研项目

二、2001—2020 年科研奖励

项目名称	奖项名称	奖项级别	获奖年度	获奖人
随机度量理论及其应用	福建省科技进步奖	二等奖	2001 年	郭铁信
Hammock 的分解和 Nazarova-Roiter、Zavadskij 算法	福建省科技进步奖	二等奖	2001 年	林亚南
无穷维空间分析学及其应用	福建省科技进步奖	二等奖	2002 年	程立新
Alperin 猜想、块不变量与 Cartan 矩阵的应用	福建省科技进步奖	三等奖	2002 年	曾吉文
两类代数 Riccati 方程的数值解法	福建省科技进步奖	三等奖	2002 年	卢琳璋
算子逼近中的概率论方法和概率型算子逼近	福建省科技进步奖	三等奖	2002 年	曾晓明、陈文忠、赵俊宁
不可压缩流体的高精度数值模拟	福建省科技进步奖	二等奖	2003 年	许传炬、林玉闽
宽曲线与曲面及其拟合方法	福建省科技进步奖	三等奖	2003 年	林群
偏微分方程及其应用	福建省科技进步奖	三等奖	2005 年	刘发旺
Hall 代数、无限维李代数和量子群	教育部科学技术奖	一等奖	2006 年	林亚南（排名第四）
几何过程	教育部科学技术奖	二等奖	2007 年	郑耀辉（排名第四）
图的匹配理论与图能量的研究	福建省科技进步奖	一等奖	2008 年	张福基（排名第二）
几类重要结构化反特征值问题及其应用	福建省自然科学奖	二等奖	2009 年	白正简
非线性退化抛物方程与 Navier-Stokes 方程的边界层问题	福建省自然科学奖	二等奖	2010 年	赵俊宁、张剑文
TKK 代数及 Virasoro-like 李代数的表示理论	福建省自然科学奖	二等奖	2014 年	谭绍滨、林卫强、王清

续表

项目名称	奖项名称	奖项级别	获奖年度	获奖人
Banach 空间的非线性几何及其应用	福建省自然科学奖	二等奖	2017 年	程立新、张文、程庆进
不连续系统的渐近行为与镇定性研究	2016 年度高等学校科学研究优秀成果奖（科学技术）	二等奖	2016 年	丁昌明（排名第三）
微分方程的高效算法	福建省自然科学奖	二等奖	2018 年	沈捷
量子信息中的算子论方法	福建省自然科学奖	三等奖	2019 年	杜拴平、白朝芳

三、1952—2020 年学术论文

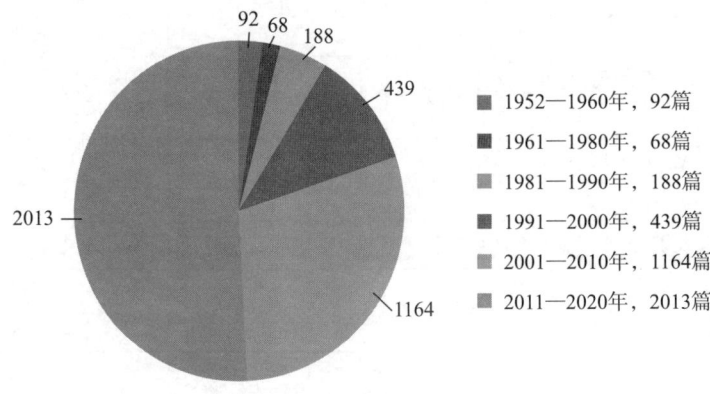

1952—2020 年发表学术论文

年　度	中文篇数	英文篇数	汇总合计	年　度	中文篇数	英文篇数	合计/篇
1952 年	1	0	1	1977 年	6	0	6
1953 年	3	0	3	1978 年	6	0	6
1954 年	12	0	12	1979 年	11	0	11
1955 年	19	0	19	1980 年	3	0	3
1956 年	19	0	19	1981 年	13	0	13
1957 年	15	0	15	1982 年	16	2	18
1958 年	1	0	1	1983 年	16	1	17
1959 年	9	0	9	1984 年	10	0	10
1960 年	13	0	13	1985 年	13	1	14
1961 年	5	0	5	1986 年	17	0	17
1962 年	4	0	4	1987 年	20	0	20
1963 年	7	0	7	1988 年	29	1	30
1964 年	9	0	9	1989 年	26	0	26
1965 年	9	0	9	1990 年	23	0	23
1966 年	0	0	0	1991 年	25	0	25
1967 年	0	0	0	1992 年	38	5	43
1968 年	0	0	0	1993 年	37	5	42
1969 年	0	0	0	1994 年	42	3	45
1970 年	0	0	0	1995 年	43	6	49
1971 年	0	0	0	1996 年	42	10	52
1972 年	0	0	0	1997 年	26	15	41
1973 年	0	0	0	1998 年	43	14	57
1974 年	3	0	3	1999 年	34	13	47
1975 年	3	0	3	2000 年	25	13	38
1976 年	2	0	2	2001 年	41	21	62
2002 年	51	14	65	2012 年	32	161	193
2003 年	61	21	82	2013 年	43	169	212
2004 年	70	46	116	2014 年	25	167	192

续表

年　度	中文篇数	英文篇数	汇总合计	年　度	中文篇数	英文篇数	合计/篇
2005 年	68	47	115	2015 年	35	168	203
2006 年	79	47	126	2016 年	24	197	221
2007 年	65	66	131	2017 年	24	181	205
2008 年	72	78	150	2018 年	25	168	193
2009 年	62	89	151	2019 年	22	189	211
2010 年	40	126	166	2020 年	6	205	211
2011 年	43	129	172	合计	1586	2378	3964

第六部分
大事记

1923 年
厦门大学设立算学系并开始招生,厦门大学数学学科第一名学生为余新华。
1924 年
黄汉和代理算学系主任。
1926 年
姜立夫从南开大学前来厦门大学算学系任教并担任系主任,聘江泽涵任助教。一年后,姜立夫、江泽涵返回南开大学。
柯召考入厦门大学预科,1928 年升入算学系本科,1930 年二年级结束后转学到清华大学继续学习。
1927 年
聘请周鸿经到算学系任教。
首位学生余新华毕业。
1928 年
聘请杨武之代理算学系主任。
1929 年
杨武之离开厦门大学前往清华大学数学系任教。
1930 年
算学系改名为数学系。
周澄南担任系主任。
1931 年
张希陆任理学院院长兼数学系主任。
厦门大学算学学会成立。

1936 年

4 月,数学系与物理系合并为数理系,林觉世任数理系主任。

1937 年

数理系随厦门大学内迁长汀县,1946 年迁回厦门。

1938 年

萨本栋校长兼任数理系主任。

1939 年

谢玉铭任数理系主任。

1943 年

方德植到校任教。

周长宁任数理系主任。

1950 年

8 月,林坚冰前往中国科学院数学研究所进修 Tauber 定理和偏微分方程理论(1951 年 7 月返回)。

李文清到校任教。

数学系招收 3 名学生,分别为陈景润、杨锡安、李秋秀。

1951 年

方德植任系主任(任期至 1960 年)。

1951 年春,理学院内迁龙岩白土镇。

1952 年

1952 年春,理学院迁回厦门。

6 月,数理系分为数学系和物理系。

10 月,浙江大学张鸣镛、林振声到厦门大学数学系任教,次年浙江大学厉则治到厦门大学任教。

举办数理化中学师资轮训班,连同 1953 年共举办 2 期。

开设"几何函数论""泛函分析""微分方程定性理论"3 个专门化课程。

中国数学会厦门分会成立。

1953 年

9 月,中共厦门大学数学系支部成立,吴修华任支部书记(任期至 1960 年 1 月)。

成立基本数学教学小组、函数论教学小组与科学研究小组 3 个教研组。

陈景润毕业并分配至北京四中。

1954 年

创办《厦门数学通讯》。

新增"高等几何"和"多复变函数论"2 个专门化课程。

钟同德到中国科学院数学研究所跟随华罗庚学习多复变函数。

1955 年

2 月,陈景润回厦门大学数学系资料室工作,后担任助教。

校友柯召当选为中国科学院学部委员。

1956 年

6 月 6 日,《光明日报》头版以《克服困难努力创造条件,厦门大学数学系开展了科学研究工作》为题报道厦门大学数学系。

8 月 13—19 日,李文清、张鸣镛和陈景润代表厦门大学数学系参加在北京召开的中国数学会论文宣读大会,陈景润报告《他利问题》的论文。

8 月 24 日,《人民日报》报道中国数学会论文宣读大会时特别提及厦门大学陈景润的工作。

方德植任厦门大学海外华侨函授部首届主任。

陈奕培到中国科学院数学研究所跟随吴文俊学习拓扑学。

数学系制定十二年远景规划,提出关于"大范围的几何与分析"的研究计划。

1957 年

9 月,林坚冰赴苏联列宁格勒大学进修偏微分方程(1959 年 8 月返回)。

10 月,陈景润调入中国科学院数学研究所工作。

国际数学联盟向厦门大学发出邀请,邀请数学系派人参加 1958 年在爱丁堡召开的国际数学家大会。

招收来自越南、马来亚和印度尼西亚的侨生 16 人。

1958 年

辜联昆前往苏联莫斯科大学进修偏微分方程(1960 年返回)。

增设计算数学、概率统计、数学物理、运筹学等学科方向。

1959 年

王瑞任党支部副书记(任期至 1960 年 5 月)。

1960 年

1月,中共厦门大学数学系支部改为中共厦门大学数学系党总支部,颜松滨任党总支书记(任期至1969年2月)。

5月,蔡维璇(任期至1969年2月)、林鸿庆(任期至1969年2月)任党总支副书记。

为筹办福州大学数学系,数学系的一半教师和学生调到福州大学,包括辜联昆(1975年1月调回)、林振声、林鹏程、魏祖烈等。

林坚冰、林鸿庆、钟同德任系副主任,林鸿庆代理系主任(任期至1962年)。

1962 年

数学系首次开始招收研究生。首批2名研究生林贻谋、魏献祝,基础数学专业微分几何方向,导师方德植。

林坚冰代理系主任(任期至1964年)。

1964 年

林鸿庆代理系主任(任期至1966年)。

1965 年

9月,赖日旺任党总支副书记(任期至1969年2月)。

1969 年

年底,恢复中共厦门大学数学系支部,赖日旺任党支部书记(任期至1973年10月)。

1970 年

6月,陈木叶任数学系党支部副书记(任期至1973年10月)。

举办工农试点班。

1971 年

增设计算技术与自动控制本科专业。

1972 年

招收数学、计算技术与自动控制2个本科专业的工农兵大学生。

1973 年

10月,中共厦门大学数学系支部改为中共厦门大学数学系党总支部,蔡声坋代理党总支书记(任期至1978年7月)。

11月,陈木叶(任期至1979年6月)、兰福谦(任期至1980年2月)任党总支副书记。

年底,蔡声坋担任系主任(任期至 1977 年底)。

1974 年

9 月,陈顺辉任党总支副书记(任期至 1977 年)。

1976 年

计算技术与自动控制专业更名为控制理论专业。

1977 年

年底,黄国柱担任系主任(任期至 1979 年 11 月)。

12 月,恢复公共数学教研室。

1978 年

2 月,1977 级数学和控制理论 2 个专业本科生共 112 人入学。

10 月,招收基础数学 10 名研究生。

11 月,方勤任党总支书记(任期至 1984 年 11 月)。

12 月,李文清、张鸣镛晋升教授职务。同年,21 位教师晋升讲师。

增设计算数学本科专业。

林叔荣和晋江地区气象台合作的"台风路径预报"项目获福建省科学大会科技成果奖。

1979 年

5 月,承办第一届全国控制理论与应用学术交流会。

11 月,方德植任系主任(任期至 1984 年 11 月),林坚冰、张鸣镛、钟同德任副主任。

1980 年

2 月,黄国柱任党总支副书记(任期至 1982 年 1 月)。

4 月,举办全国多复变函数论会议。

1981 年

3 月,1950 级校友、中国科学院陈景润研究员当选为中国科学院学部委员。

4 月,陈景润受邀返校并在 60 周年校庆大会上代表校友发言;在厦门大学期间,他为厦门大学数学系师生做学术讲座,与教师座谈,应聘担任数学系兼职教授和《数学研究》顾问。

9 月,承办《数学年刊》编委第三次会议。

12月,陈炳三任数学系党总支副书记(任期至1984年11月)。

12月,基础数学、运筹学与控制论2个专业取得硕士学位授予权。

增设计算机软件本科专业。

1982年

2月,控制理论和计算机软件2个专业另行建立计算机系,李文清任系主任。数学系56名教职员工、100多名学生和计算机实验室、自动控制实验室划归计算机系。

林叔荣等完成的"多因子综合数值分类与逐步量化方法预报台风登陆"项目获福建省科技成果奖四等奖。

1984年

8月,辜联昆任厦门大学副校长。

8月,举办第三届全国最优化数值方法学术交流会。

11月,林鸿庆任数学系主任(任期至1991年11月),谢德平任数学系党总支书记(任期至1991年2月,后调任校工会主席),佘维山任副书记(任期至1991年2月)。

1985年

5月,增设应用数学本科专业。

10月,编印《数学讨论》学术刊物,发表学生论文。

1986年

1月,概率论与数理统计取得硕士学位授予权。

8月,厉则治参加在美国加州大学伯克利分校举行的第二十届国际数学家大会。

方德植获厦门大学首届南强一等奖。

1987年

3月,聘任中国科学院数学研究所陆启铿院士为兼职教授。

6月,国际著名数学家、美国科学院院士、加州大学伯克利分校陈省身教授应邀来校讲学指导。6月13日,陈省身教授为厦门大学题词"数学前途无限,数学家的前途亦无限"。

9月,聘任陈省身为厦门大学兼职教授。

增设数学专业函授专科班。

1988 年

1 月,计算数学与软件专业更名为计算数学及其软件。

1990 年

7 月,举办第三届青年计算数学工作者学术会议。

10 月,计算数学专业获得硕士学位授予权。

1991 年

2 月,佘维山任党总支书记(任期至 2001 年)。

10 月,龚显宗任数学系党总支副书记(任期至 1996 年 10 月)。

11 月,陈文忠任系主任(任期至 1996 年 1 月),许汝霖(任期至 1993 年)、胡南桦(任期至 1996 年 1 月)任副主任。

1993 年

梁益兴任数学系副主任(任期至 1996 年 1 月)。

12 月,1952 级校友、中国科学院林群研究员当选为中国科学院院士。

1994 年

从新疆大学引进张福基,他是数学系第一位博士生导师。

1996 年

1 月,梁益兴任数学系主任(任期至 2001 年 6 月),林亚南(任期至 2001 年 6 月)、董槐林(任期至 2001 年 6 月)任副主任。

3 月,开展系列活动悼念杰出校友陈景润院士。

4 月,厦门大学聘任林群院士为数学研究所所长。

1997 年

3 月,开展系列活动纪念陈景润院士逝世一周年。

9 月,聘任刘应明院士为兼职教授(聘期至 2000 年 9 月)。

10 月,承办全国高校数学教学改革研究项目会议。

11 月,承办全国高校数学专业教学指导委员会会议。

11 月,聘任北京大学姜伯驹院士为兼职教授(聘期至 2000 年 11 月)。

1998 年

6 月,基础数学获得博士学位授予权。

7 月,教育部颁布本科专业目录,数学类设 2 个专业:数学与应用数学、信息与计算科学。

1999 年

9月,首次招收基础数学博士研究生2人,分别为滕岩梅(导师程立新)和曾晓明(导师赵俊宁)。

2000 年

5月,承办国家自然科学基金委员会第三届数学天元基金学术领导小组第二次会议。

2001 年

6月,赵俊宁任数学系主任(任期至2003年12月),林亚南(任期至2003年12月)、董槐林(任期至2002年3月,后调任软件学院副院长)、程立新(任期至2003年12月)任数学系副主任。

11月,厦门大学精算学研究中心成立。

11月,郭铁信的"随机度量理论及其应用"项目和林亚南的"Hammock 的分解和 Nazarova-Roiter Zavadskij 算法"项目获 2001 年度福建省科技进步奖二等奖。

赵俊宁主持的"非线性偏微分方程"项目获批国家自然科学基金重点项目。

林建德任党总支书记(任期至2002年,后调任人文学院党委书记)。

数学系办学地点由南光楼(数学馆)搬迁至嘉庚二的第三、四楼。

2002 年

3月,谭绍滨任数学系副主任(任期至2003年12月)。

6月,国际著名数学家、菲尔兹奖获得者、美国哈佛大学丘成桐教授应邀来校讲学指导。

11月,程立新的"无穷维空间分析学及其应用"项目获 2002 年度福建省科学技术奖二等奖,曾吉文的"Alperin 猜想、块不变量与 Cartan 矩阵的应用"项目、卢琳璋的"两类代数 Riccati 方程的数值解法"项目和曾晓明、陈文忠、赵俊宁的"算子逼近中的概率论方法和概率型算子逼近"项目获 2002 年度福建省科学技术奖三等奖。

梁卫中任党总支书记(任期至2004年4月)。

林亚南入选福建省百千万人才工程,获评福建省首届高等学校教学名师奖。

谭绍滨入选厦门市第四批专业技术拔尖人才。

2003 年

1 月,程立新入选 2002—2003 年度教育部"跨世纪优秀人才培养计划"。

7 月,举办第八届全国李代数学术会议。

8 月,数学系向学校提交《关于成立厦门大学数学科学学院的具体计划》。

9 月,获得数学一级学科博士学位授予权。

10 月,"高等代数"入选福建省首轮精品课程。

10 月,获批设立数学博士后流动站,首名博士后是陈东阳,合作导师为程立新。

11 月,学校发布文件决定成立数学科学学院并公布《数学科学学院党政领导岗位设置方案》。

12 月 5 日,厦门大学数学科学学院揭牌成立。

12 月,聘任李大潜院士为兼职教授。

12 月,承办 2003 年高教社杯全国大学生数学建模竞赛颁奖大会,厦门大学获得本届数学建模竞赛唯一的"高教社杯"奖。

12 月,赵俊宁任数学科学学院院长(任期至 2007 年 12 月),林亚南(任期至 2004 年 3 月,调任研究生院副院长)、程立新(任期至 2007 年 12 月)和谭绍滨(任期至 2007 年 12 月,后调任厦门大学教务处长)任副院长。

获批举办高校在职人员攻读硕士学位研究生班,首期录取 27 人。

2004 年

2 月,赵俊宁入选第五届教育部科技委员会数理学部委员。

4 月,中共厦门大学数学系党总支改为中共厦门大学数学科学学院委员会,梁卫中任学院党委书记(任期至 2007 年 12 月,后调任漳州校区党工委副书记),黄渊河(任期至 2007 年)、谭忠(任期至 2012 年 12 月,后调任研究生院副院长)任党委副书记。

5 月,钱建国任数学与应用数学系副主任,卢琳璋任信息与计算数学系主任,刘发旺任信息与计算数学系副主任。

10 月,曾晓明博士的博士学位论文《概率型算子逼近特征的研究和一类拟线性退化椭圆方程的边值问题》获全国优秀博士学位论文提名奖,导师为赵俊宁。

2005 年

3月,许肖华任学院党委副书记(任期至2008年3月)。

5月,学院搬迁至海韵园行政楼B栋和实验楼一层。

12月,许传炬入选教育部"新世纪优秀人才支持计划"。

12月,刘发旺的"偏微分方程及其应用"项目获2005年福建省科学技术奖三等奖。

谭忠主持的"数学建模与大学生素质教育"项目获2005年福建省高等教育教学成果奖二等奖。

2006 年

4月,陈景润铜像在厦门大学海韵园落成。

5月,邱春晖任数学与应用数学系主任。

2007 年

年初,卢琳璋前往贵州师范大学挂职数学与计算机科学学院院长;2011年起任贵州师范大学校长助理。

10月,林亚南主持的代数学教学团队入选福建省优秀教学团队。

11月,谭绍滨主持的"厦门大学创新复合型数学人才培养模式创新实验区"项目入选福建省人才培养模式创新实验区名单。

11月,"高等代数"入选国家精品课程。

12月,数学与应用数学专业入选教育部高等学校特色专业建设点名单。

12月,张明智任数学科学学院党委书记(任期至2018年1月,后调任生命科学学院党委书记)。

12月,基础数学获批国家重点学科。

2008 年

1月,林亚南任数学科学学院院长(任期至2013年1月),程立新、邱春晖、许传炬任副院长(任期至2013年1月),谭绍滨调任厦门大学教务处长。

3月,数学与应用数学入选教育部第五批国家理科基础科学研究和教学人才培养基地。

4月,学院党委换届,张明智任书记,谭忠任副书记,吴杏梅、邱春晖、张明智、林亚南、程立新、谭忠等任党委委员。

6月,钱建国任数学与应用数学系主任,严荣沐任副主任;卢琳璋任信息与计算数学系主任,庄平辉任副主任。

8月,林亚南获评教育部第四届高等学校教学名师奖。

9月,首批国家理科基础科学研究和教学人才培养基地班本科生入学。

9月,"数学建模"课程入选2008年度国家精品课程。

10月,1976级校友陈荣书当选为中华全国总工会副主席、书记处书记。

11月,白正简获2008年全国应用数值代数奖。

2009年

2月,谭绍滨入选第六届国务院学位委员会学科评议组成员。

2月,张福基(排名第二)与集美大学晏卫根(排名第一)的"图的匹配理论与图能量的研究"获2008年度福建省科学技术奖一等奖。

4月,林亚南、林鹭、杜妮、谭绍滨的"发挥精品课程示范作用,提升全省'高等代数'教学质量"项目获福建省第六届高等教育教学成果奖一等奖。

4月,承办中国数学会2009年学术年会。

5月,谭绍滨获评福建省第五届高等学校教学名师奖。

6月,林亚南获"宝钢优秀教师奖"。

8月,谭绍滨主持的"李理论及其应用"项目获批国家自然科学基金重点项目。

2010年

2月,白正简的"几类重要结构化反特征值问题及其应用"项目获2009年度福建省科学技术奖二等奖。

4月,基础数学教研室获厦门大学南强奖(集体)一等奖。

7月,举办首届全国优秀大学生夏令营。

8月,谭忠获福建省第六届高等学校教学名师奖。

10月,数学入选教育部"基础学科拔尖学生培养试验计划"。

10月,学院与香港环球科学出版社(Global Science Press)合办数学期刊《东亚应用数学杂志》(*East Asian Journal on Applied Mathematics*,EAJAM)。

2011年

4月6日,国际著名数学家、菲尔兹奖获得者、加利福尼亚大学圣地亚哥分校Efim Zelmanov教授来校访问并做题为"A Century of Abstract Algebra"的学术报告。

5月，郑诚明任学院党委副书记(任期至2015年6月，后调任物理与机电工程学院党委副书记)。

6月，白正简入选教育部"新世纪优秀人才支持计划"。

7月，获批"国家理科基础科学研究和教学人才培养基地"专项基金"人才培养支撑条件建设项目"经费资助。

8月，曾吉文赴新疆师范大学挂职数学科学学院副院长职务，2014年8月3年期满返回。

9月，林亚南获"福建省师德标兵"称号。

11月，成立概率与数理统计系。

11月，谭绍滨获"宝钢优秀教师奖"。

2012年

1月，成立厦门大学计算与应用数学中心。

4月，刘继春任概率论与数理统计系主任，黄荣坦任副主任。

7月，获批"国家理科基础科学研究和教学人才培养基地"专项基金"人才培养能力提升建设项目"经费资助。

11月，首次实行博士研究生招生"申请-考核制"。

12月，谭绍滨任厦门大学校长助理兼国际处处长、港澳台办主任。

12月，谭忠任研究生院副院长兼学位与学科建设办公室主任。

2013年

1月，林亚南续任数学科学学院院长(任期至2017年10月)，邱春晖、许传炬、钱建国任副院长(任期至2017年10月)。

1月，"数学与科学前沿协同创新"培育项目在北京大学启动，厦门大学数学学科为该项目的成员单位。

1月，博士研究生吴国春获教育部"2012年度博士研究生学术新人奖"。

2月，金贤安任数学与应用数学系主任，刘轼波任副主任；邱建贤任信息与计算数学系主任，杜魁任副主任；学院党政联席会议决定钟春平任公共数学教学部主任。

3月，获批建设"福建省数学建模与高性能科学计算重点实验室"并于10月31日揭牌。

4月，林亚南和谭绍滨分别当选为教育部高等学校数学类专业和大学数课程教学指导委员会成员(2013—2017)。

7月,张剑文任学院党委副书记(任期至2018年1月)。

9月,学院召开全院教师大会,选举产生第一届教授委员会。

9月,林鹭获得厦门大学首届"我最喜爱的十位老师"称号。

10月,钟春平入选教育部"新世纪优秀人才支持计划"。

11月,成立公共数学教学部(系级),钟春平任主任。

12月,"高等代数"和"数学建模"入选教育部第三批国家级精品资源共享课立项项目。

2014年

3月,学院党委换届,张明智任书记,郑诚明和张剑文任副书记,林亚南、钱建国、邱春晖、伍火熊、张剑文、张明智、郑诚明任党委委员。

3月,林亚南入选国家高层次人才特殊支持计划领军人才。

3月,谭忠主持的"以数学建模为驱动,探索研究性、个性化创新人才培养之路"项目获福建省第七届高等教育教学成果奖一等奖。

5月,学院团委获评福建省五四红旗团(总)支部。

7月,学院专任教师办公室由行政楼B栋搬迁至物理机电航空大楼第五、六层。

9月,厦门大学数学学科进入ESI全球前1%。

9月,王文元受中组部、教育部和厦门大学委派,作为第八批援疆干部赴新疆财经大学应用数学学院挂职副院长;2017年9月3年期满返回。

10月,林建华(大)获得厦门大学2014年"我最喜爱的十位老师"称号。

11月,钱建国前往塔里木大学挂职校长助理(2015年11月返回)。

2015年

2月,谭绍滨、王清的"TKK代数及Virasoro-like李代数的表示理论"项目获2014年度福建省自然科学奖二等奖。

4月,谭绍滨当选为第七届国务院学位委员会学科评议组成员。

4月,夏超入选第十一批海外引进高层次人才计划青年项目。

8月,谭忠的"瓦斯燃烧爆炸过程中自由界面形成与运动的建模与分析"项目获批国家自然科学基金重点项目。

12月,全院教师大会选举产生第二届教授委员会。

12月,1977级校友、浙江大学陈纯教授当选为中国工程院院士。

2016年

3月,刘文飞入选第十二批海外引进高层次人才计划青年项目。

4月,国际著名数学家、菲尔兹奖获得者、法国里昂大学 Cédric Villani 教授应邀来访并做题为"关于星球、粒子与永恒性"的南强学术讲座。

7月,国际著名数学家、美国加州大学圣塔芭芭拉分校张益唐教授来访并做题为"从陈景润对数论的伟大贡献谈起"的南强学术讲座。

8月,刘宁任学院党委副书记。

8月,王清的"顶点代数、李代数及相关量子代数"项目获批国家自然科学基金优秀青年科学基金项目;邱建贤的"高能量密度物理条件下流体力学计算方法研究"项目获批国家自然科学基金联合基金项目;沈捷的"相场模型的高精度算法设计及应用"项目入选国家自然科学基金重大研究计划;许传炬的"多相复杂材料的相场模型、算法和模拟"项目获批国家自然科学基金国际(地区)合作与交流项目。2016年,学院获批科研经费超过1000万元。

12月,"景润小学"中小学在线数学辅导志愿服务项目获第三届中国青年志愿服务项目大赛银奖。

2017年

1月,与法国波尔多大学合作的"科学计算创新型复合人才培养项目"入选国家留学基金管理委员会2017年"创新型人才国际合作培养项目"。

1月,谭忠任厦门大学科学技术处处长。

5月,王清获第十四届"福建青年五四奖章标兵"称号。

5月,熊涛入选第十三批海外引进高层次人才青年项目。

8月,程立新的"Banach空间的非线性几何及其应用"项目获批国家自然科学基金重点项目。

9月,林亚南主持的"遵循教育规律,培养数学一流人才"项目获2017年福建省高等教育教学成果奖特等奖。

10月,校长助理谭绍滨兼任学院院长,张剑文、邱建贤和金贤安任副院长。

12月,全院教师大会选举产生第三届教授委员会。

12月,黄宝秋任学院党委书记,陈国强任副书记。

2018 年

3 月,王清入选 2016—2017 年度福建省高校领军人才资助计划。

5 月,学院党委换届,黄宝秋任书记,陈国强、刘宁任副书记,伍火熊、刘宁、邱建贤、张剑文、陈国强、金贤安、黄宝秋任党委委员。

5 月,夏超任数学与应用数学系主任,杜妮任副主任;杜魁任信息与计算数学系主任,陈黄鑫任副主任;周达任概率与数理统计系副主任(主持工作),王文元任副主任(任期至 2020 年 4 月);庄平辉任公共数学教学部主任。

5 月,学校将海韵园实验楼第一层和第五层部分办学空间调配给学院,学院净增办学面积 504 平方米。

6 月,谭忠入选第三批福建省特殊支持"双百计划"科技创新领军人才。

7 月,数学学科进入 ESI 全球前 0.5%。

9 月,林亚南获评福建省第五届杰出人民教师。

9 月,厦门大学"歌仔之光"暑期社会实践队获团中央"丝路新世界·青春中国梦"2018 年全国大学生"一带一路"暑期社会实践专项行动优秀团队。

10 月,程立新、张文、程庆进的"Banach 空间的非线性几何及其应用"项目获 2017 年度福建省自然科学奖二等奖。

11 月,谭绍滨和林亚南分别当选为教育部数学类专业和大学数学课程教学指导委员会成员(2018—2022)。

11 月,杜妮获评厦门大学 2018 年"我最喜爱的十位老师"荣誉称号。

11 月 29 日,国家自然科学基金委批复同意依托厦门大学建设国家天元数学东南中心。

12 月,林亚南的"打造精品资源,构建多元化、个性化数学人才培养模式"项目获 2018 年高等教育国家级教学成果奖二等奖,成员为谭绍滨、谭忠、钱建国、邱春晖、金贤安、张剑文。

12 月,谭忠带头的"分析与偏微分方程"团队入选 2018 年福建省研究生导师团队。

12 月,林亚南带头的"数学专业教学团队"入选 2018 年福建省本科教学团队。

2019 年

1 月 8 日,国家天元数学东南中心启动会暨揭牌仪式在厦门大学举行并召开学术委员会第一次会议。

2月,科技处处长谭忠兼任厦门大学深圳研究院院长。

3月,学院党委入选首批福建省高校党建工作标杆院系,教师第一党支部、本科生党支部入选福建省党建工作样板支部培育创建名单。

4月,博士后李晓丽入选2019年度"博士后创新人才支持计划"。

4月,余世霖入选第十五批海外引进高层次人才计划青年项目。

9月,沈捷的"微分方程的高效算法"项目获2018年度福建省自然科学奖二等奖。

9月,陈桂芝获评厦门大学2019年"我最喜爱的十位老师"荣誉称号。

11月,杜妮获全国高校数学微课程教学设计竞赛精英赛金奖。

11月,谭忠带头的"数学建模慕课应用型本科教学团队"入选2019年福建省级慕课应用型本科教学团队。

12月,数学与应用数学专业入选国家级一流本科专业建设点。

12月,程立新获2019年度"厦门市优秀教师"称号。

12月,"数往知来"数独逻辑思维启蒙课堂获福建省志愿服务项目大赛金奖。

2020年

数学列入教育部"强基计划",单列招收本科生。

5月,学院召开大会选举产生第四届教授委员会。

7月,丁昌利任学院党委副书记。

后 记

《厦门大学数学科学学院院史》终于在厦门大学百年校庆到来之际完成编撰，即将付梓面世。掩卷而思，厦大数学学科近百年的沧桑发展历程，宛若一幅历史长卷缓缓铺展，引人回味，喜悦与自豪之情油然而生。

作为厦门大学百年校庆院系史编撰工程中的一部分，此书的编撰出版，旨在梳理学院各个时期的建设与发展历史，回溯办学历程，凝练办学理念，展示办学特色，弘扬办学传统，为建设一流学院、一流学科提供高质量、有价值的历史资鉴，同时也为外界开辟一个全面了解厦门大学数学学科建设水平的窗口。

学院从2019年6月组建专门机构并正式启动院史编撰工作。一年多来，我们始终立足立德树人、存史育人之根本，本着"以史为鉴、承前启后"的宗旨，秉持尊重历史、实事求是、与时俱进、资政育人的原则，科学编制全书体例，广泛搜集资料实物，多方寻找史料资源，认真整理口述历史，力争做到内容客观、情况真实、资料翔实、数据准确，进而全面展示学院发展的历史轨迹。

本书分为"历史的脚步""行政管理""学科和平台""本科教学""科研项目、论文和获奖""大事记"6个部分（第五部分中的科研项目和期刊论文清单将另行刊印），每个部分都有专人负责执笔和审阅，并邀请了部分退休教师作为编写顾问。面对这一光荣艰巨的史料抢救与编撰工程，全体编撰者、顾问、志愿人员弘扬自强不息、止于至善的校训精神和勇攀高峰、追求卓越的科学精神，以对历史高度负责的态度和对学院质朴深厚的感情，集思广益，群策群力，为共同修好百年院史、讲好学院故事、传承数院文化做出了艰苦努力，付出了辛勤劳动，在此，谨向他们致以衷心的感谢。与此同时，在编纂过程中，本书也得到了校内有关单位、海内外校友及厦门大学出版社的大力支持，谨此一并致谢。

限于编者水平，不当之处希望读者批评指正。

谨以此书献给每一位关心、支持、参与、见证厦门大学数学学科建设发展的人士,献给走过百年芳华、华诞在即的厦门大学。

黄宝秋　谭绍滨

2021 年 1 月